Linda Waniorek

Wenn meine Katze älter wird

Mit Fotos bekannter Tierfotografen

Zeichnungen: György Jankovics

INHALT

TYPISCH ÄLTERE KATZE

- **Gefestigter Charakter.**
- **Vertrautes Familienmitglied.**
- **Ruhig, besonnen, aber immer noch spielfreudig.**
- **Braucht weniger Beschäftigung.**
- **Im Umgang mit Menschen vertraut.**
- **Nimmt Anteil am Familienleben.**
- **Etwas konservativ.**
- **Körperlich eventuell etwas eingeschränkt.**
- **Läßt sich auch jetzt noch erziehen.**

Meist lebt eine ältere Katze schon lange Zeit in der Familie. Viel Vertrauen und eine tiefe Freundschaft zwischen Menschen und Katze konnte sich während dieser Zeit entwickeln. Gemeinsame Erlebnisse haben das Zusammenleben für beide Teile bereichert und verschönt. Mit zunehmendem Alter der Katze beginnt nun die Zeit, in der sie von Ihnen etwas mehr Aufmerksamkeit, Verständnis und Zuwendung braucht. Wenn Sie dieser Situation mit ausreichend Einfühlungsvermögen gerecht werden, haben Sie noch viele Jahre eine liebevolle, zuverlässige Begleiterin. Falls Sie sich entscheiden, eine ältere Katze neu bei sich aufzunehmen, bekommen Sie ein erfahrenes Heimtier, das sich Ihnen gern anschließt.

WISSENSWERTES ÜBER ÄLTERE KATZEN

Mit ihrem ausgeprägten Charakter und ihren liebenswerten Eigenschaften ist eine ältere Katze eine ideale Partnerin für Singles, ältere Menschen und Familien mit Kindern. Sie strahlt Ruhe und Gemütlichkeit aus, besitzt eine interessante Persönlichkeit und ist ein lebensfroher Spielgenosse.

Meist lebt die ältere Katze schon seit vielen Jahren in Ihrem Haushalt und hat sich vom verspielten Katzenkind zu einer reifen Katze mit Charakter entwickelt. Das Zusammenleben ist harmonisch und gut eingespielt. Katze und Mensch sind sich vertraut, die Lebensgewohnheiten ähneln oft denen eines älteren Ehepaares, das sich im Laufe der Jahre immer ähnlicher wird. Die Katze nimmt zum Teil sogar die Gewohnheiten ihres Menschen an, aber auch der Mensch hat sein Verhalten den Wünschen der Katze angepaßt.
Wenn eine ältere Katze neu ins Haus kommt, entwickelt sich nach einer gewissen Eingewöhnungszeit, in der Geduld und Verständnis erforderlich sind, durchaus auch noch eine innige Beziehung zwischen Mensch und Tier.

Charakter und Aufgaben

Im Laufe der Jahre hat sich der Charakter der älteren Katze im negativen wie im positiven Sinne gefestigt. Sie können sich weitgehend auf das Verhalten Ihrer Katze verlassen, sie ist berechenbarer geworden. Es wird in all den Jahren nicht nur einmal vorgekommen sein, daß die Katze liebenswert und konsequent versucht hat, ihren Kopf durchzusetzen – vielfach auch mit Erfolg, denn Katzen sind sehr geduldig. Eine ältere Katze nimmt ihre Aufgaben – oder das, was sie dafür hält – sehr ernst und kann diese auch noch bis ins höchste Alter wahrnehmen. So gehören viele ältere Katzen noch zu den besten Mäusefängern. Für diese wichtigen Aufgaben hat sie ihre strategisch günstigen Plätze. Der Fensterplatz zum Beispiel ist für das Beobachten der Straße oder des Gartens bestens geeignet. Interessante Begebenheiten wie vorbeifliegende Vögel oder andere Tiere werden aufgeregt zur Kenntnis genommen. Am heftig schlagenden Schwanz können Sie ihre Anspannung leicht erkennen. Einige Katzen versuchen sogar, mit den Pfoten die Scheibe zu zerkratzen, um das Hindernis aus dem Wege zu räumen. Dabei sehen sie sehr ernst und konzentriert aus.

Was alle Katzen gern mögen

Zuwendung, Streicheleinheiten und Beschäftigung sind für alle Katzen – natürlich auch für die älteren – die schönsten Augenblicke am Tage. Sie genießen es, stundenlang auf dem

In der freien Natur fühlt sich die Katze wohl. Interessiert beobachtet sie ihre Umwelt.

Checkliste Kennzeichen

1 Das Ruhebedürfnis der Katze wird höher. Sie verschläft den größten Teil des Tages und sucht sich dafür besonders weiche, warme Plätzchen.

2 Der konservative Wesenszug der Katze tritt in den Vordergrund. Veränderungen werden langsamer akzeptiert.

3 Das Fell wird dünner und glänzt nicht mehr so schön.

4 Die Katze sieht aus, als ob ihr das Fell zu groß geworden ist. Gleichzeitig hängt das oft noch sehr runde Bäuchlein herunter.

5 Die Katze verliert langsam die Zähne, beziehungsweise werden diese deutlich schlechter.

6 Die Sinnesleistung läßt nach. Die Katze reagiert langsamer.

7 Die inneren Organe funktionieren nicht mehr so gut. Ein äußerlich sichtbares Kennzeichen ist die schuppige Haut.

8 Trotz ausreichender Futteraufnahme nimmt die Katze ab. Das Futter wird schlechter verwertet.

Schoß des geliebten Menschen zu sitzen oder sich einfach nur gemütlich an ihn zu schmiegen. Diese Schmusestunden sind für das Wohlbefinden der älteren Katze sehr wichtig. Lustige Spiele und schmackhafte Mahlzeiten werden ebenfalls bis ins hohe Alter hinein gern angenommen. Dafür bringt sie ihrem Menschen dann auch besonders viel Liebe, Zuwendung und Beständigkeit entgegen. Mit zunehmendem Alter können einige gesundheitliche Beeinträchtigungen hinzukommen, die das Katzenverhalten nachhaltig beeinflußen und von Ihrer Seite aus Zugeständnisse und Geduld erfordern. Alles in allem wünschen sich auch noch ältere Katzen ein interessantes, ausgefülltes Leben und stellen im Alter noch Ansprüche an ihren Menschen. Sie sind in keinster Weise langweilig.

So erkennen Sie eine ältere Katze

Die genaue Bestimmung des Katzenalters ist leider nur sehr schwer möglich, sobald das Tier einige Jahre alt ist. Auch bestehende oder überstandene Krankheiten, Lebensbedingungen und Ernährung haben große Auswirkungen auf die Konstitution der Katze und lassen das Tier älter oder jünger aussehen, als es in Wirklichkeit ist. Deshalb fällt es selbst einem erfahrenen Tierarzt oder Katzenzüchter schwer, genau zu sagen, wie alt eine Katze ist.
Zähne, Fell und Verhalten können allerdings kleine Hinweise auf das ungefähre Alter geben.

✔ Die Zähne werden mit zunehmendem Alter immer schlechter. Sie verfärben sich, werden zum Teil locker und fallen aus. Dadurch können auch vermehrt Zahnfleischentzündungen auftreten, die eine ausreichende Behandlung erfordern. Oft müssen auch schadhafte Zähne vom Tierarzt entfernt werden, weil sie die Katze beim Fressen stören. Die kleinen Vorderzähnchen fallen allerdings häufig auch schon bei sehr jungen Katzen aus.

Das Leben ist auch für ältere Katzen ein spannendes Abenteuer. Wachsam geht sie ihrer Wege.

✔ Das seidige Fell wird bei älteren Katzen dünner und glanzloser. Sie erkennen es besonders gut bei Langhaarkatzen, deren schöner dicht behaarter Schwanz langsam unansehnlich und struppig wird. Die Katze sieht aus, als ob ihr das Kleid zu groß geworden ist. Graue Haare sind in der Regel nicht zu beobachten. Mit gezielter Aufbaunahrung , die Sie überall im Fachhandel erhalten, kann man das Fell länger schön erhalten.

✔ Das Verhalten des Tieres gibt ebenfalls Hinweise auf das ungefähre Alter. Die Katze wird mit zunehmendem Alter ruhiger, schläft häufiger an warmen Plätzen und hat weniger Interesse, sich mit Artgenossen in Streitereien einzulassen. Sie beobachtet jetzt lieber. Das konservative Verhalten tritt vermehrt in den Vordergrund.

Anmut bis ins hohe Alter

Viele Katzen behalten bis ins hohe Alter ihre Geschmeidigkeit und ihre geistigen Fähigkeiten. Für Katzenbesitzer verläuft deshalb der Alterungsprozeß oft unbemerkt. Die sichtbare Alterung der letzten Monate geht häufig sehr schnell vor sich, der Halter ist dann oft überrascht, wenn die Katze innerhalb kurzer Zeit altert und stirbt oder eingeschläfert werden muß. Es gibt aber auch Katzen, die bereits früh, zum Beispiel im Alter von acht bis zehn Jahren, relativ alt aussehen. Sie können noch viele Jahre leben, aktiv und lebensfroh sein.

Die richtige Auswahl

Wer sich eine Katze anschaffen will, steht vor der entscheidenden Frage, ob ein Welpe, eine erwachsene oder schon ältere Katze in die Familie aufgenommen werden soll. Auch wenn ein junges Kätzchen ganz bezaubernd ist, sollte man sich nicht nur davon leiten lassen, sondern wichtige Überlegungen im Vorfeld berücksichtigen, denn eine Katze wird für viele Jahre in Ihrem Haushalt leben. In vielen Fällen hat sich deshalb auch die Anschaffung einer älteren Katze bewährt. Bei gesundheitlichen Beeinträchtigungen der Katze sprechen Sie eventuell vorher mit einem Tierarzt. Er kann Ihnen erklären, wie sich diese auf Ihr Leben auswirken können.

Vorteile der älteren Katze

✔ Der Charakter ist gefestigt, es gibt weniger unangenehme Überraschungen.
✔ Die Katze ist bereits erzogen und paßt sich so den Gegebenheiten leichter an.
✔ Mit etwas Geduld läßt sie sich auch jetzt noch gut erziehen und kann sich an neue Lebensumstände gewöhnen.
✔ Die Katze ist ruhiger, braucht weniger Beschäftigung und wird auch weniger kaputtmachen.
✔ Sie hat die besonders bei Katzen häufiger auftretenden »Kinderkrankheiten« schon überstanden.
✔ Die Lebenserwartung ist nicht mehr so groß. Dies ist wichtig, wenn Sie sich nicht auf 15 bis 20 Jahre Katzenhaltung festlegen können oder wollen.

Kritische Fragen vorweg

Vor der Anschaffung sollten Sie sich einige Gedanken im Hinblick auf Ihre Lebensumstände und Ihre Erwartungen an das Tier machen:
✔ Haben Sie genügend Zeit für das Tier?
✔ Können Sie davon ausgehen, auch die Verantwortung für die nächsten Jahre zu übernehmen, oder stehen schon bald größere Veränderungen an, die eine Katzenhaltung unmöglich machen?
✔ Welche Charaktereigenschaften einer Katze passen in Ihre Familie?
✔ Welche Anforderungen und Wünsche stellen Sie in bezug auf Sauberkeit oder Futter an die Katze?
✔ Besitzt die zukünftige Katze Eigenschaften, mit denen Sie nicht leben können oder wollen?
✔ Können eventuell bestehende gesundheitliche Beeinträchtigungen des Tieres mit Ihrem Lebensstil vereinbart werden?
✔ Wie hat die Katze vorher gelebt und haben Sie die Geduld, das Tier an neue Lebensbedingungen zu gewöhnen?
✔ Sind Sie in der Lage, die Kosten für Futter und Tierarzt zu tragen?
✔ Ist die Versorgung im Urlaub gesichert?

Aufmerksam, erwartungsvoll - typisch ältere Bengalkatze.

Eine plötzliche Störung läßt die Norwegische Waldkatze überrascht und verunsichert aufschauen.

Hauskatze oder Rassekatze

Die meisten Menschen entscheiden sich bei ihrer Wahl für eine Hauskatze. Diese bietet eine Fülle an Farben und Charakteren, läßt sich problemlos in der Wohnung halten und ist nicht immer lebhafter als Rassekatzen.

Bei Rassekatzen ist der Geschmack des zukünftigen Besitzers ein wichtiges Entscheidungsinstrument. Allerdings sollte das Tier in Zukunft nicht nur eine Zierde für die Wohnung sein, sondern auch in Charakter und Anforderungen zum Halter passen. Informieren Sie sich deshalb vor dem Kauf genau über die Eigenschaften, das Aussehen und das Verhalten der einzelnen Rassen, denn es gibt da große Unterschiede. Vielleicht bevorzugen Sie ja eine ruhige Perserkatze, oder aber es paßt eine exzentrische Siamkatze viel besser zu Ihnen.

Woher bekommen Sie eine ältere Katze?

Eine ältere Katze bekommen Sie von Verwandten, Bekannten oder über die Anzeigen im Tiermarkt Ihrer Tageszeitung und aus Fachzeitschriften. Nicht vergessen sollten Sie die Katzen von Tierheimen, Tierschutzorganisationen und von privaten Tierschützern. Ältere Rassekatzen können Sie bei Züchtern kaufen. Ein verantwortungsbewußter Züchter wird Sie über den Charakter und die Besonderheiten seiner Rassen und seiner Zucht informieren und nichts dagegen haben, wenn Sie das Tier vorher besuchen.

Zwiesprache zwischen Mensch und Tier. Ältere Katzen brauchen viel Ansprache.

Wann ist die Katze alt?

Junge Katzen werden innerhalb weniger Monate erwachsen. Bereits mit sechs Monaten können sie problemlos alleine überleben, mit einem Jahr sind sie schon erwachsen. Sind erst einmal die empfindlichen ersten drei Jahre überstanden, ist die Lebenserwartung in der Regel gut, außer es treten Unfälle oder unheilbare Erkrankungen auf. Katzen gelten dann bis zum zehnten Jahr als erwachsen. Danach beginnt langsam der Alterungsprozeß. Ab etwa zwölf Jahren bezeichnet man eine Katze als alt. Katzen können 13 bis 15 Jahre alt werden, aber auch 18- oder 20jährige Katzen sind heute keine Seltenheit mehr. Fortschritte in der Tiermedizin und die bessere Pflege und Ernährung ermöglichen diese stolzen Katzenalter. Oft sind es auch gerade die kränklichen, zurückgebliebenen Jungen, die besonders lange leben.

Allgemein gültige Angaben zum Alterungsprozeß und zum durchschnittlichen Lebensalter sind schwierig zu treffen, denn Katzen altern abhängig von ihren Lebensbedingungen und ihrer körperlichen Veranlagung. Im ländlichen Bereich gelten Katzen oft schon mit fünf bis zehn Jahren als alt. Dies ist aber das Alter, in dem die Tiere in den besten Jahren sind.

Katzen haben sieben Leben

Das stimmt nicht ganz, denn Katzen sind sehr sensible und empfindliche Tiere und gerade bei jungen Katzen ist die Sterblichkeitsrate sehr hoch. Die berühmte Zähigkeit der Katzen bezieht sich daher wohl eher auf ihre besondere Fähigkeit, Stürze aus großer Höhe gut zu überstehen und auf ihr ausgesprochen gutes Heilvermögen. Dies garantiert aber nicht eine generell hohe Lebenserwartung.
Auch die Haltungsbedingungen wirken sich entscheidend auf die Gesundheit der Katzen aus. Eine freilaufende, unkastrierte Katze ist viel gefährdeter als eine behütete, kastrierte Katze mit kontrolliertem Auslauf. Bei Wohnungskatzen treten viele Krankheiten seltener auf, weil sie keinen oder nur selten Kontakt mit Artgenossen haben und häufiger gegen Infektionskrankheiten geimpft sind. Krankheiten werden allgemein vom Katzenbesitzer früher erkannt und behandelt, weil er die Katze mehr unter Aufsicht hat und auch weiß, was sie frißt. Die Überlebenschance steigt hier deshalb auch deutlich an.

Gefahrenquellen

Katzen sind aufgrund ihres neugierigen Wesens sowohl im Haus als auch im Freien vielen lebensbedrohlichen Gefahren ausgesetzt. Dies gilt auch für unsere älteren Katzen. Sie springen und laufen überall hin, um zu schauen, schnuppern an allem und können auch über die Säuberung des Fells viele schädliche Stoffe oder Pflanzen aufnehmen. Nicht immer kann der Katzenbesitzer vorbeugen, aber vielfach ist es möglich, Gefahrenquellen vorausschauend zu beseitigen.
Bei Vergiftungen oder Verätzungen sollte sofort ein Tierarzt aufgesucht werden. Vergessen Sie dabei nicht, die Ursache, also Pflanze oder Flüssigkeit mitzunehmen.

TIP

Katzenalter errechnen

Für viele Katzenbesitzer ist es interessant, das Lebensalter der Katze mit dem Lebensalter der Menschen zu vergleichen. Nachstehend finden Sie eine Tabelle, in der zusammengestellt ist, welches Katzenalter in etwa dem angegebenen Menschenalter entspricht.

Katzenalter	Menschenalter
6 Wochen	2 Jahre
6 Monate	13 Jahre
1 Jahr	18 Jahre
2 Jahre	25 Jahre
4 Jahre	35 Jahre
6 Jahre	45 Jahre
8 Jahre	52 Jahre
10 Jahre	60 Jahre
12 Jahre	68 Jahre
14 Jahre	76 Jahre
16 Jahre	84 Jahre
18 Jahre	92 Jahre
20 Jahre	100 Jahre

Die häufigsten Unfallursachen

✔ Unfälle und Verletzungen durch Autos, denn viele Katzen können die Entfernung und die Geschwindigkeit eines Fahrzeugs nicht abschätzen. Gerade nachts sieht man als Fahrer Katzen besonders schlecht.

✔ Kämpfe mit Katzen, Hunden oder anderen Tieren (beispielsweise Ratten) mit Verletzungsgefahr. Einige Katzenkrankheiten werden durch Kontakt mit Artgenossen oder anderen Tieren draußen übertragen. Häufig sind dies Infektionskrankheiten, die gefährlich sind. Entsprechende Impfungen beugen ihnen vor.

Lebenserwartung verschiedener Rassekatzen*
*Einzelne Tiere können auch deutlich älter werden.

Katzenrasse/Durchschnittliche Lebenserwartung in Jahren (+/- 3 Jahre)			
Heilige Birma	15 Jahre	Norwegische Waldkatze	14 Jahre
Burma	14 Jahre	Perser	15 Jahre
Hauskatze	15-16 Jahre	Russisch Blau	15 Jahre
Kartäuser	14 Jahre	Siam	17 Jahre
Maine Coon	13 Jahre		

✔ Stürze von Bäumen, Dächern und Leitern oder in Schächte, Rohre und Keller.
✔ Vergiftungen und Verätzungen durch Chemikalien wie Altöl, Benzin, Klebstoffe, Blei, Quecksilber aus defekten Thermometern und Schaltern, Öle, Putzmittel, Rattengift, Reinigungsmittel, Säuren und Laugen, Schädlingsbekämpfungsmittel, Unkrautvernichtungsmittel, Medikamente, aber auch häufige Verwendung chemischer Teppichreinigungsmittel. Hierbei werden die Stoffe häufig über die Fellpflege aufgenommen.
✔ Vergiftungen durch Pflanzen, wie beispielsweise Ackerveilchen, Ackerwinde, Adonisröschen, Alpenveilchen, Amaryllis, Anemone, Buchsbaum, Christrose, Christusdorn, Dieffenbachia, Edelweiß, Efeu, Eibe, Farn, Fingerhut, Geranie, Goldregen, Herbstzeitlose, Hyazinthe, Krokus, Märzenbecher, Magnolie, Maiglöckchen, Nachtschattengewächse, Narzisse und ihre Blumenzwiebeln, Nelke, Philodendron, Primel, Schneeglöckchen, Seidelbast, Stechpalme, Tollkirsche, Weihnachtsstern, Wolfsmilcharten.
Es empfiehlt sich also – besonders bei Wohnungshaltung der Katze – immer genügend Katzengras anzubieten, damit sie nicht auf die Zimmerpflanzen zurückgreifen muß. Viele Katzen bevorzugen allerdings trotzdem Topfpflanzen oder Blumensträuße. In diesem Fall sollten Sie es einmal mit einer Kräutermischung versuchen. Bei der Auswahl des Pflanzenschmucks sollte der Katzenhalter also auch die Verträglichkeit für die Katze berücksichtigen.
✔ Auch in der Wohnung ist eine Katze vor Gefahren und Krankheiten nicht sicher, denn zum Beispiel kann die Katzenseuche, deren Erreger von den Haltern an den Schuhen in die Wohnung getragen werden kann, auf das Tier übertragen werden. Deshalb sind auch bei Wohnungskatzen Impfungen wichtig und sollten vorgenommen werden.

Lebenserwartung und Zucht

Bei Rassekatzen ist die Auswahl der zur Zucht verwendeten Tiere besonders entscheidend für das zukünftige Alter der Jungen. Ein verantwortungsbewußter Züchter wird darum nur mit Katzen züchten, die keine Krankheiten an ihre Nachkommen vererben. Bei Hauskatzen ist das etwas schwieriger, da meist der Vater der Jungen nicht bekannt ist, und Erkrankungen deshalb nicht ausgeschlossen werden können. Viele Haus- wie auch Rassekatzen werden jedoch bei guter Pflege sehr alt.

Die Unterbringung

Ältere Katzen können sehr unterschiedlich gehalten werden. Für einige Katzenbesitzer ist es wichtig, daß die Katze mit im Bett schläft, andere lehnen einen zu engen Kontakt mit dem Tier ab. Generell liegt dies natürlich im Ermessen des Katzenbesitzers. Besonders für die ältere Katze ist allerdings Zuwendung und Ansprache sehr wichtig. Da ältere Katzen ein größeres Ruhe- und Wärmebedürfnis haben, sollte dies bei der Unterbringung auf jeden Fall beachtet werden.

Mögliche Haltungsformen sind:

✔ In der Wohnung
✔ In Haus und Garten
✔ In der Wohnung mit freiem Auslauf
✔ Im Freien

In der Wohnung

Katzen werden immer häufiger als reine Wohnungskatzen gehalten. Dies gelingt in der Regel problemlos. Wenn die Katze viel allein ist, sollte man besser zwei Katzen in Gesellschaft halten, um Langeweile vorzubeugen. Natürlich muß für genügend Abwechslung und Zuwendung gesorgt werden. Bei dieser Haltungsform sollte man allerdings regelmäßig mit der Katze an der Leine spazierengehen, damit sie auch an die frische Luft kommt und so neue Eindrücke sammeln kann. Sie können auch Ihren Balkon mit einem Gitter oder einem Netz verkleiden und von Hänge- oder Balkonpflanzen bewachsen lassen. Die Katze kann so auch mal schnell allein ins Freie.

In Haus und Garten

In Städten wird es immer schwieriger, Katzen freien Auslauf zu gewähren. Katzenbesitzer mit Garten gehen deshalb immer mehr dazu über, den Garten so einzuzäunen, daß die Katzen ihn nicht verlassen können. Die Katze hat so ausreichend Abwechslung und kann Anteil an ihrer Umwelt nehmen. Diese Haltungsform ist besonders günstig, wenn die Besitzer berufstätig sind. Am wohlsten fühlt sie sich sicherlich zusammen mit einer anderen Katze. Sie können auch nur einen Auslauf – ähnlich einem Hundezwinger – einzäunen. In diesem Zwinger macht ein Kratzbaum, verschiedene Spielsachen und eine Hütte den Aufenthalt für die Katze erst so richtig spannend. Besonders praktisch ist es, wenn die Katze über ein Fenster oder eine Katzenklappe selbständig vom Haus in den Zwinger und wieder zurückgehen kann. Die Katze kann den Zwinger auch in der Nacht nutzen, sicher gerade auch im Sommer interessant.

Zwei Freunde sind zu allen Taten bereit.

Raum ist in der kleinsten Hütte. Eine Katze findet überall ein schönes Plätzchen.

Wohnung mit freiem Auslauf

Dies ist für die Katze sicher die angenehmste Form. Allerdings ist sie in diesem Fall vielen Gefahren ausgesetzt. Wenn möglich, sollte die Katze ständig Zugang zum Haus haben, z. B. über eine Katzenklappe. Am besten ist es, wenn die Katze trotzdem nachts im Haus bleibt, denn Autofahrer sehen Katzen im Dunkeln äußerst schlecht und spät, deshalb ist die Gefahr von Unfällen in der Nacht auch höher.

Im Freien

In ländlichen Gegenden werden Katzen teilweise zu jeder Jahres- und Tageszeit völlig draußen gehalten. Hier muß gewährleistet sein, daß die Katze genügend Unterschlupfmöglichkeiten hat, um bei Gefahr oder Wettereinbrüchen Sicherheit, Wärme und Geborgenheit zu finden. Für ausreichende Fütterung und tierärztliche Versorgung sollte gesorgt sein. Am besten richten Sie bei dieser Haltungsform eine feste Uhrzeit ein, zu der Sie die Katzen immer füttern und überprüfen bei der Gelegenheit auch gleich den Gesundheitszustand. Gerade ältere Katzen bedürfen bei dieser Art der Haltung besonderer Aufmerksamkeit, weil hier oft gesundheitliche Beeinträchtigungen, wie beispielsweise Zahnprobleme, leicht übersehen werden.

Erstausstattung

Die Erstausstattung einer älteren Katze unterscheidet sich nur wenig von der einer jüngeren Katze. Einzig sind hier Hausapotheke und Hilfsmittel für die Krankenpflege (→ Seite 58) mit der Zeit von größerer Bedeutung.

Wenn Sie sich eine ältere Katze neu ins Haus holen, sollten Sie ihr folgende Dinge bieten:

- ✔ Freß- und Wassernapf
- ✔ Katzentoilette
- ✔ Korb
- ✔ mehrere waschbare Decken
- ✔ Bürste
- ✔ Transportkorb
- ✔ Spielsachen (Bälle, Papierkugeln, kleine Stofftiere)

All diese Dinge sollten leicht und hygienisch zu reinigen sein, gerade bei Krankheiten können sie doch immer wieder leicht verschmutzt werden. Ein Transportkorb aus Plastik oder aus Weidenruten ist für Tierarztbesuche und Reisen auf jeden Fall zu empfehlen, da selbst besonders zutrauliche Katzen vor Angst vom Arm des Besitzers springen können und oft nie wiedergefunden werden. Sollte Ihre neue Katze bereits eigene Sachen besitzen, die Sie zu sich ins Haus mitnehmen können, erleichtern ihr die vertrauten Gerüche die Eingewöhnung und helfen über die erste schwierige Zeit im neuen Heim. Im Zoohandel erhalten Sie weiteres ergänzendes Katzenzubehör, welches Sie und Ihren Liebling im Alltag und beim gemeinsamen Spiel erfreuen wird.

TIP

Rechtsfragen

Katzenhaltern entstehen oft, wie Tierhaltern überhaupt, Probleme mit ihren Mitmenschen. Ob diese Beschwerden nun gerechtfertigt sind oder nicht, kommt auf den Einzelfall und die Betrachtungsweise an. Aber immer ist es für den Tierhalter mit Unannehmlichkeiten verbunden. Grundsätzlich sind Katzen in der Haftpflichtversicherung als Kleintiere enthalten. Diese trägt im abgeschlossenen Rahmen Kosten, die durch die Katze verursacht werden. Aber dies sind in der Regel die kleineren Probleme. Meist ist Nachbarschaftsstreit die Ursache. Für alle Tierbesitzer empfiehlt es sich also, eine Rechtsschutzversicherung abzuschließen. Dies gilt auch bei einer älteren Katze oder bei reiner Wohnungshaltung. Häufig werden auch Krankenversicherungen für Tiere angeboten. In diesem Fall sollten Sie sich vor einem Abschluß genau informieren, wo der Versicherungsschutz wirklich greift und ob Sie Vorleistungen, beispielsweise Impfungen oder Haltungsauflagen, erbringen müssen. Eine Krankenversicherung ist nicht in jedem Fall sinnvoll.

Ein Schälchen mit Katzengras ist gerade für reine Wohnungskatzen wichtig.

Behutsames Eingewöhnen ist dann notwendig, wenn Sie sich eine ältere Katze neu ins Haus holen. Aber auch ein Umzug kann für die ältere Katze leicht zu einer Streßsituation werden. Mit einigen Tricks und etwas Geduld können Sie Ihrem Liebling das neue Zuhause annehmbar machen.

Vertraute Dinge erleichtern die Eingewöhnung ins neue Heim.

Neu in der Familie

Auch ältere Katzen gewöhnen sich noch an ein neues Zuhause und neue Bezugspersonen. Je nach Charakter und den bisherigen Lebensumständen dauert es seine Zeit. Geduld und Zuwendung des Katzenbesitzers entscheiden dabei über die positive Eingewöhnung der Katze. Katzen sind Gewohnheitstiere.

✔ Nehmen Sie deshalb möglichst viele vertraute Sachen wie z.B. den Korb mit.

✔ Bieten Sie ihr von Anfang an das Leben, das sie bei Ihnen führen soll. Wenn die bisherigen Lebensbedingungen der Katze den zukünftigen ähneln, und die Katze Sie schon kennt, ist dies von auch großem Vorteil.

✔ Erlauben Sie ihr nur das, was sie später auch darf.

✔ Umstellung von Freilauf auf Wohnungshaltung ist etwas schwieriger. Die Katze wird hier Ihre Geduld auf eine größere Probe stellen.

Umzug mit Katzen

Hier sollten Sie ebenfalls vertraute Dinge mitnehmen und an ähnlichen Stellen aufstellen. Während des Umzuges ist die Katze am besten nicht dabei. Falls sich das nicht vermeiden läßt, bereiten Sie in der neuen Wohnung ein Zimmer für sie vor, in das sie bis zum Ende des Umzugs eingesperrt wird. Wenn die Möbelpacker wieder weg sind, besichtigen Sie dann am besten mit der Katze auf dem Arm die Wohnung. Lassen Sie ihr dabei viel Zeit. Die Lieblingsspeise erleichtert vieles. Fehlverhalten in den ersten Tagen sollten Sie übersehen.

Aus dem sicheren Korb heraus betrachtet die Katze ihre Umwelt.

Auf dem Arm ihres Menschen fühlt die Katze sich sicher.

Sanfte Mittel für die Eingewöhnung

✔ Homöopathische Zubereitungen helfen gegen Heimweh und Ängste bei Katzen. Ignatia D 30 (aus der Ignatiusbohne gewonnen) gibt man an den ersten drei Tagen täglich, dann einmal wöchentlich.

✔ Bach-Blütentherapie wirkt gut bei heimwehkranken Katzen. Die Blütentropfen werden dem Verhalten der Katze entsprechend ausgewählt.

✔ Aromatherapie beeinflußt sensible Katzen. Bei Heimweh haben sich die ätherischen Öle von Basilikum, Cananga, Fenchel, Immortelle, Jasmin, Kamille, Mimose, Neroli, Rosenblüten und Vanille gut bewährt. Als Anwendungsform eignet sich die Duftlampe. Sie müssen dabei bitte darauf achten, daß sich die Katze an der Kerze oder am heißen Wasser nicht verbrennen kann. Ein Duftkissen mit Kräutern im Körbchen ist dazu eine gute Alternative und wirkt besonders gut. Die Verspannungen der Katze lösen sich und sie wird aufnahmefähig für die neue Bezugsperson und die ungewohnte Umgebung.

Eine Lieblingsspeise in Gesellschaft des kleinen Freundes tröstet über den Umzug hinweg.

Auch in einer neuen Umgebung kann die Katze sich wieder so wohlfühlen.

Der erste freie Auslauf

Nach dem Umzug sollte die Katze die ersten drei bis vier Wochen in der Wohnung gehalten werden. Gehen Sie mit ihr – möglichst an der Leine – einige Male in die ungewohnte Umgebung. So lernt die Katze das neue Zuhause und die neuen Gerüche aus der Nähe kennen. Lassen Sie sie dann in den ersten Tagen ohne Leine nur bei Tageslicht hinaus.

Sonderfall scheue Katze

Scheue und schwierige Katzen brauchen besonders viel Zuwendung und Liebe, sie haben teilweise schon schlechte Erfahrungen gemacht. Lassen Sie die Katze deshalb vorerst allein in einem Zimmer mit Katzentoilette und Futterplatz. Dort sollten auch Sie sich nach kurzer Zeit häufiger aufhalten, denn manchmal müssen diese Katzen sogar gezwungen werden, in Kontakt mit Menschen zu treten. So gewöhnt sie sich allmählich an die normalen Geräusche in der neuen Umgebung. Sobald die Katze sich in Ihrer Gegenwart gelassen im Zimmer bewegt, können Sie sie langsam an andere Zimmer der Wohnung gewöhnen. Wird sie zu schnell und ohne Eingewöhnung in eine unbekannte, große Wohnung gesetzt, müssen Sie mit Problemen wie beispielsweise Unsauberkeit rechnen, da die Katze sich ängstlich versteckt und nicht mehr aus ihrem Unterschlupf traut.

DER RICHTIGE UMGANG MIT ÄLTEREN KATZEN

Katzen sind Individualisten und wollen auch als solche behandelt werden. Gerade bei der älteren Katze ist diese Eigenschaft noch stärker ausgeprägt. Sie erwartet entsprechende Rücksichtnahme, Zuwendung und Pflege und wird dies auch energisch einfordern.

»Ist die Katze glücklich, freut sich der Mensch«, Ihr Verhalten als Katzenbesitzer im täglichen Leben gegenüber der Katze beeinflußt maßgeblich die Lebensqualität Ihrer älteren Katze. Ist eine Katze glücklich und ausgeglichen, überträgt sich diese positive Einstellung auch auf ihren Halter. Sie profitieren gemeinsam davon, denn dann breitet sich eine harmonische Atmosphäre aus und überträgt sich auch auf das Wohlbefinden der im Haus lebenden Menschen und auf Gäste. So gibt beispielsweise eine schlafende Katze einem Raum Ruhe und Entspannung.

Katzen haben einen eigenen Kopf

Der richtige Umgang mit der älteren Katze wird weitgehend von ihr selbst bestimmt. Je nach Charakter und Vorlieben will sie entsprechend behandelt werden. Wenn Sie diesen Anforderungen nicht ausreichend gerecht werden, kann es durchaus passieren, daß sich Ihre Katze ein neues, ihr angenehmeres Zuhause sucht. Für jeden Katzenbesitzer ist es schmerzlich, wenn die geliebte Katze einfach auszieht. Diese Möglichkeit besteht natürlich nur für Katzen, die freien Auslauf haben. Wohnungskatzen dagegen sind Ihnen ausgeliefert. Nachfolgend sind verschiedene Katzentypen beschrieben, die besonders behandelt werden wollen.

Gutmütige, geduldige Katzen lassen fast alles mit sich machen – besonders von Kindern.

Die verschmuste Katze

Eine verschmuste Katze, ob alt oder jung, fordert viel Streicheleinheiten und Zeit. Für sie gibt es nichts Schöneres, als stundenlang von ihrem Menschen liebkost und gelobt zu werden. Schmusen, auf dem Schoß zu liegen oder an den Menschen angekuschelt zu schlafen gehört für sie zu den schönsten Momenten des Tages. Viele Katzenbesitzer genießen dies ebenfalls.

Die ruhige Katze

Ruhige und auch viele ältere Katzen möchten nicht ständig gestört werden. Sie suchen sich ihr warmes Plätzchen und ruhen dort entspannt und gemütlich. Sie beobachten dabei zufrieden und glücklich die Umgebung. In vielen Fällen werden aber auch Streicheleinheiten gerne entgegengenommen, ohne dabei den Platz zu verlassen. Einer solchen Katze sollte die nötige Ruhe zugestanden werden. Ständige

Die Maine Coon-Mischlingskatze hat ihr Plätzchen gefunden. Nichts kann sie davon wegbringen.

Aufforderungen zum Spielen könnten die ruhige Katze überlasten, da sie oft nur aus Liebe zum Besitzer darauf eingeht. Wird die Katze plötzlich auffällig ruhiger, sollten Sie an eine Krankheit denken und den Tierarzt aufsuchen.

Die lebhafte Katze

Eine ältere Katze muß aber nicht zwangsläufig ruhig sein. Viele ältere Katzen stehen an Lebhaftigkeit ihren jüngeren Artgenossen nicht nach. Eine lebhafte Katze fordert Sie zum Spiel auf. Dieser Aufforderung sollten Sie so oft wie möglich nachkommen, sonst kann sie diese Mißachtung mit Verhaltensweisen strafen, die Sie nicht gerne sehen. Eine ältere lebhafte Katze darf beim Spiel nicht überfordert werden.

Die zurückgezogene Katze

Eine zurückgezogene, ältere Katze ist nicht unbedingt einer ruhigen Katze gleichzusetzen. Sie kann durchaus lebhaft und verspielt sein. Es gibt jedoch Katzen, die sich gerne weitgehend vom Geschehen zurückziehen. Sie halten sich im Hintergrund, sind aber ständig präsent. Diese Katzen beobachten alles und nehmen so regen Anteil am Leben ihres Besitzers, ohne ständig direkten Kontakt zu fordern. Sie sind dabei durchaus glücklich. Wichtig ist allerdings, auf die Ursachen des Zurückziehens zu achten. Bei einer plötzlichen Verhaltensänderung muß auch an gesundheitliche Ursachen gedacht werden.

Ältere Katzen und Kinder

Kinder lieben Tiere als Spielgefährten. Dies ist auch sinnvoll, damit sie lernen, mit Lebewesen verantwortungsbewußt umzugehen. Im Gegenzug erhalten sie von den Heimtieren viel Liebe, Zärtlichkeit und Freundschaft. Dies gilt besonders für Katzen, die deshalb für Kinder ideale Spielgefährten sind. Sie sind beweglich, immer zum Spielen oder Schmusen aufgelegt. Junge Katzen sind sehr possierlich und für Kinder faszinierend, wenn sie zusammen aufwachsen können. Allerdings ist die Welpenzeit bei Katzen nur sehr kurz (→ Seite 12). Oft ist es deshalb sinnvoller, eine ältere Katze als Spielgefährten wählen. Diese läßt sich in der Regel mehr von den Kindern gefallen, ohne darunter zu leiden. Auch kann sie besser auf hohe Schränke und Regale flüchten, um sich dem Zugriff zu entziehen. Vielfach stellt sich die Frage nach dem geeigneten Katzenalter gar nicht, weil die Katze schon im Haus ist, wenn ein Baby hinzu kommt.

Glück zu zweit. Die ältere Katze benutzt »ihr« Kind als Ruhekissen und ist in allen Lebenslagen dabei.

Katzen und Babys

Wenn in Ihrem Haushalt bereits eine ältere Katze ist und Sie ein Baby erwarten, empfiehlt es sich, die Katze bereits vor der Geburt von einem Tierarzt auf mögliche Erkrankungen wie zum Beispiel Toxoplasmose untersuchen zu lassen. Dann können Sie die erforderlichen Behandlungen noch rechtzeitig vornehmen. Auf alle Fälle sollten Sie während der Schwangerschaft keine Katzentoiletten putzen, Katzenkot nicht berühren, nach dem Kontakt mit dem Tier sofort die Hände waschen und sich nicht ablecken lassen.

Ist das Kind dann geboren, sollten Sie der Katze erlauben, Kontakt zu dem neuen Mitbewohner aufzunehmen. Die Katze liebt den Geruch der Babys nach Milch und Sauberkeit. Sie sucht dann den Hautkontakt, dabei kann es vorkommen, daß sich die Katze auf den Kopf oder Hals des Babys legt. Deshalb wird die Katze, solange das Baby noch sehr klein ist, auch niemals mit diesem alleine in einem Raum gelassen. Wenn Sie der Katze schon früh den Kontakt gewähren, wird sie sich für das Baby mitverantwortlich fühlen.

Eine gesunde, geimpfte und entwurmte Katze fügt dem Baby keinen Schaden zu.

Die 10 Goldenen Regeln
für das Leben mit einer älteren Katze

1 Ältere Katzen legen besonderen Wert auf Pünktlichkeit. Sie möchten immer zu den gleichen Zeiten gefüttert werden und sich darauf verlassen können.

2 Viel Streicheleinheiten fördern die Freundschaft. Zuwendung und Ansprache sind also sehr wichtig.

3 Die ältere Katze liebt ihre gewohnten Spaziergänge und ihren Auslauf. Dieses sollte ihr auch gewährt werden.

4 Spielen ist für die ältere und die alte Katze ein Stück Lebensfreude. Sie bleibt so fit und gesund.

5 Eine ältere Katze schläft gern. Dazu braucht sie ein ruhiges, ungestörtes Plätzchen. Dies ist für ihr Wohlbefinden besonders wichtig.

6 Da Katzen bis ins hohe Alter geistig fit bleiben, sollte ihre Erziehung nicht vernachlässigt werden.

7 Beachten Sie die gesundheitlichen Beeinträchtigungen der Katze im Tagesablauf und nehmen Sie darauf Rücksicht.

8 Haben Sie Verständnis, wenn die ältere Katze hin und wieder Probleme macht. Passen Sie dann Ihre Lebensumstände etwas den veränderten Gewohnheiten der Katze an.

9 Gesundheitsvorsorge ist wichtig, damit Krankheiten frühzeitig erkannt und behandelt werden. Dadurch steigt die Lebenserwartung Ihrer Katze.

10 Katzen sind talentierte Schauspieler. Humpeln oder Schwierigkeiten beim Essen sollten Sie also genau beobachten und überprüfen.

Ältere Kinder

Zeigen Sie Ihrem Kind von Anfang an, wie es richtig mit einer Katze umgeht. Kinder sind durchaus in der Lage, dies zu begreifen. Zeigen Sie dem Kind, wie man eine Katze richtig hält und wie man sie streichelt, so daß sie es genießt. Auch sehr kleinen Kindern sollten Sie nicht erlauben, die Katze zu schlagen und zu treten. Zwar werden Verbote gerne auch einmal nicht beachtet, aber wenn das kleine Kind den richtigen Umgang lernt, geht diese Verhaltensweise als selbstverständlich in das Unterbewußtsein des Kindes über. Ältere Kinder sollten Sie darauf hinweisen, daß Katzen kein Spielzeug sind und auf keinen Fall gequält werden dürfen. Zeigen Sie Ihrem Kind, wie es mit der Katze am besten zum beiderseitigen Vergnügen spielen kann, denn Kind und Katze lieben beide die Bewegung und können sich im ausgelassenen Spiel darin wunderbar ergänzen (→ PRAXIS Spiele, Seite 46).

Der Hinweis, die Katze so zu behandeln wie auch das Kind gerne behandelt werden möchte, also liebevoll und mit Rücksichtnahme, wird von Kindern gut verstanden und nach einigen Wiederholungen auch befolgt. Die besten Erfolge erzielen Sie, wenn Sie dem Kind den richtigen Umgang mit dem Tier vorleben.

TIP

Kind und ältere Katze

Kinder profitieren besonders von der Freundschaft mit einer älteren Katze. Auf der einen Seite gewährt die Katze besonders kleinen Kindern den sogenannten Welpenschutz, nimmt also Rücksicht auf sie und läßt sich sehr viel gefallen, auf der anderen Seite wird sie ihren Freiraum beanspruchen und auch behalten. So gewinnen Kinder einen zärtlichen, geduldigen und zuverlässigen Freund, der immer für ihre Sorgen und Freuden Zeit hat. Kinder lernen dabei auch, daß diese Freundschaft auf gegenseitigem Respekt basiert und daß auch von der Katze Regeln aufgestellt werden. Das Kind muß nicht nur für Futter, Wasser und eine saubere Katzentoilette sorgen, sondern auch auf die Bedürfnisse der Katze Rücksicht nehmen. Im Notfall wird die ältere Katze dies auch einmal mit ein paar Kratzern einfordern. Dabei kommt es allerdings fast nie zu ernsthaften Verletzungen.

Kleine Helfer

Kinder helfen gern schon sehr früh bei der Versorgung der älteren Katze, dabei entsteht meist eine tiefe Freundschaft, die ein Katzenleben lang andauert. Kleine Kinder sind bereits im Alter von zwei bis drei Jahren in der Lage, der Katze das von Ihnen vorbereitete Futter hinzustellen. Lassen Sie sie dabei aber nicht allein mit der Katze, zu schnell ist das Futter probiert oder sonst etwas passiert. Auch wollen Katzen ungern beim Fressen gestört werden.

Wenn die Kinder dann etwas größer sind, können sie die Katze auch schon einmal bürsten. Allerdings ist das erst dann sinnvoll, wenn sie die Bürste auch wirklich richtig handhaben können. Mit zunehmendem Alter können die Kinder immer mehr der anfallenden Pflegeaufgaben übernehmen.

Bei aller Hilfe liegt die eigentliche Verantwortung für das Tier trotzdem bei den Eltern, die sich dessen immer bewußt sein sollten. Überwachen Sie deshalb auch bei schon älteren Kindern die Pflege, damit die Katze nicht vernachlässigt wird und leiden muß.

Haltung von zwei Katzen

Ältere Katzen sind nicht gern allein, aber nicht immer reicht der Mensch aus, um der Katze den Spielgefährten zu ersetzen. Leider werden Katzen immer noch häufig allein gehalten. Bei einer freilaufenden Katze muß das nicht unbedingt ein Problem sein, bei reinen Wohnungskatzen ist dies schon schwieriger. Optimal sind deshalb zwei Katzen, die miteinander aufwachsen und alt werden. Häufig fällt allerdings die Entscheidung für eine zweite Katze erst, wenn es mit der ersten Katze zu Verhaltensproblemen gekommen ist. Manchmal stirbt dann auch ein Tier früher, die andere Katze bleibt allein zurück und ein neuer Gefährte muß gesucht werden.

Die Neue kommt ins Haus

Eine ältere Katze kann sich durchaus noch an eine neue Katze gewöhnen. War die Katze bisher auch mit anderen Katzen zusammen, so ist die Eingewöhnung noch unkomplizierter. Wurde sie über viele Jahre allein gehalten, muß man mit einer längeren Eingewöhnungszeit rechnen. Wie schnell die Katzen sich aneinander gewöhnen, liegt ausschließlich am Charakter der Tiere. Sie können sich bereits vom ersten Tag ausgezeichnet verstehen, mit einer Zeit von zwei bis vier Wochen sollten Sie aber auf jeden Fall rechnen. Manchmal dauert es sogar noch länger. Haben Sie Geduld, denn das bedeutet nicht automatisch, daß sie sich nicht vertragen. Nur selten vertragen sich Katzen überhaupt nicht, und dann ist oft der Besitzer schuld, der mit seinem Verhalten möglicherweise Eifersucht hervor ruft. Es spielt meistens keine Rolle, ob eine junge oder eine ältere Katze als zweite Katze ins Haus kommt. Die Katzen müssen sich vom Charakter her ergänzen. Zu einem dominanten Tier paßt zum Beispiel eine sanfte, anpassungsfähige Katze.

Wie verhalten Sie sich am besten?

Die erste Katze wird von Ihnen auf jeden Fall bevorzugt behandelt. Die Neue fühlt sich sowieso fremd und erwartet es nicht anders. Erst nach einiger Zeit wird sie dann ihre Bereiche ausweiten. Aggressionen sollten Sie unterbinden, indem Sie die Katzen ablenken und gemeinsam – aus getrennten Näpfen – füttern, um die Aggressionen zu unterbrechen. Streicheleinheiten können helfen. Auf keinen Fall sollten Sie die Katzen ständig trennen und nur kurz zusammenlassen. So werden nur beide Tiere verunsichert und gewöhnen sich schlechter aneinander. In der ersten Zeit sollten Sie oft zu Hause sein. Beide Katzen brauchen in dieser Zeit die Möglichkeit, sich vor der anderen Katze zurückzuziehen. Mit viel Geduld und Liebe vertragen sich die beiden mit der Zeit gut. Bei extremer Aggression helfen Bach-Blütentropfen und Aromatherapie (→ Literatur, Seite 62).

Größere Kaninchen sind geeignete Spielgefährten für Katzen.

Interessiert beobachtet die Katze den Freund. Aber Vorsicht, es kann zu lebensbedrohlichen Situationen kommen.

Der Hund als großer Freund

Andere Tierarten eignen sich auch als Kameraden für Ihre Katze. Hunde und Katzen können sehr gute Freunde werden. Sie verstehen sich – nach manchmal anfänglichen Schwierigkeiten – meist sehr gut. Die Katze akzeptiert den Hund als Spielkameraden, gemütlichen Kuschelplatz und als Beschützer. Oft fressen die beiden dann sogar aus einem Napf. Natürlich müssen Sie auch hier das spezielle Verhalten Ihrer Tiere berücksichtigen.

Kleine Tiere und Katzen

Kleintiere sind nur bedingt als Gefährten für Katzen geeignet. Als verantwortungsvoller Tierhalter müssen Sie in diesem Fall besonders darauf achten, daß für den kleinen Kameraden keine Gefahr besteht. Auch wenn die beiden sich gut vertragen, sollten sie nur unter Aufsicht zusammen spielen. Geeignet sind zum Beispiel nicht zu kleine Kaninchen.

Ratten, Meerschweinchen, kleine Kaninchen und Vögel müssen unbedingt »katzensicher« untergebracht werden. Sie sollten nur unter Aufsicht direkten Kontakt miteinander haben und sind als Spielkameraden ungeeignet, da für sie Lebensgefahr besteht und sie beim Kontakt ständig unter Streß stehen. Das gilt auch für größere Papageien, die ein übersteigertes Selbstwertgefühl besitzen. Hier kann es im Ernstfall zu Verletzungen auf beiden Seiten kommen.

VERSORGUNG IM URLAUB

Vor dem Urlaub stellt sich für viele Katzenbesitzer die Frage: Wohin mit meinem Tier?

✔ Am besten ist es natürlich, wenn das Tier in der gewohnten Umgebung bleibt. Meist findet man eine zuverlässige Nachbarin, die die Katze während der Abwesenheit mit Futter, Wasser und Streicheleinheiten versorgt.

✔ Die Anmeldung in einer Tierpension oder einem Tierheim sollte frühzeitig erfolgen. Informieren Sie sich sorgfältig, ob Sie Ihre Katze dort gut und sicher unterbringen können. Besichtigen Sie die Anlage und fragen Sie nach Tierbesitzern, die ihre Tiere dort im Urlaub abgeben. Auch Tierärzte können vielfach Auskunft über Tierheime und Tierpensionen geben. Die Katze muß vollständig geimpft sein.

✔ Zuverlässige Verwandte sind auch manchmal eine gute Anlaufstelle für eine Katze im Urlaub.

✔ Wenn die Katze außer Haus untergebracht werden muß, geben Sie Ihr vertraute Dinge wie Freß- und Trinknapf, Katzentoilette, Körbchen und einen Pullover mit Ihrem Geruch mit.

Mit der Katze auf Reisen

Heute sieht man häufig, daß Katzenbesitzer ihre Tiere mit in den Urlaub nehmen. Dies ist maßgeblich vom Verhalten der Katze abhängig. Eine ängstliche Katze, die sich auch zuHause kaum oder draußen gar nicht anfassen läßt, ist im Urlaub besonders gefährdet. Wenn sie aus dem Zimmer oder der Wohnung am Urlaubsort entkommt, wird sie sich nur schwer wieder einfangen lassen. Bei allen Katzen an einem unbekannten Ort gilt: Vorsicht und Sorgfalt sind angebracht. Die Katze muß besonders gut beaufsichtigt werden. Dies ist hauptsächlich dann wichtig, wenn fremde Personen Zugang zum Zimmer oder zur Wohnung haben. Damit Sie gemeinsam mit Ihrer Katze den Urlaub auch im Freien ohne Angst vor dem Weglaufen genießen können, sollte sie bereits frühzeitig an Geschirr und Leine gewöhnt werden. Einige Katzen lieben es, auch im Urlaub bei ihrem Besitzer zu sein. Beachten Sie aber auch bei der Planung die speziellen Gefahren im Urlaubsland wie beispielsweise streunende Hunde. Informieren Sie sich auch über die geforderten Impfungen. Ein gemeinsamer, gut vorbereiteter Urlaub kann zu einem schönen Erlebnis werden.

Die Ernährung der älteren Katze

Ausgewogene Ernährung ist äußerst wichtig für das Wohlbefinden und die Gesundheit Ihrer Katze. Dies gilt auch in besonderem Maße für ältere Katzen.

Es gibt einige Regeln, die bei der richtigen Fütterung zu beachten sind:

✔ Auf keinen Fall dürfen Katzen mit Resten unserer Mahlzeiten gefüttert werden, denn diese sind stark gewürzt und gesalzen und der Katze deshalb nicht zuträglich.

✔ Milch sollte nur in Ausnahmefällen gegeben werden, da sie bei sehr vielen Katzen zu Durchfall führen kann. Im Zoohandel gibt es »Katzenmilch«. Sie enthält keinen Milchzucker und ist auf den Verdauungsapparat der Katzen abgestimmt, so daß sie gut vertragen wird.

✔ Im Handel sind eine Vielzahl Fertigprodukte erhältlich, die den oft extravaganten Geschmack unserer Katzen zufriedenstellen. Immer häufiger finden wir auch spezielle Futtermittel für ältere Katzen. Sie sollten auf jeden Fall nur Katzenfutter geben.

✔ Manche Katzen entwickeln eine Vorliebe für Hundefutter. Hier müßten Sie zusätzlich Kalbsleber, Kalbfleisch, Kaninchenfleisch, Hähnchen und Pute geben, um den im Vergleich zu Hunden hohen Eiweißbedarf zu decken. Alles wird gekocht gereicht. Bieten Sie der Katze immer auch Katzenfutter dazu an, um sie wieder auf geeignete Nahrung umzustellen.

✔ Die zusätzliche Gabe von Vitaminen und Mineralstoffen sollte nicht übertrieben, dafür aber regelmäßig sein. Vitaminmangel ist bei Katzen an sich selten.

✔ Grundsätzlich ist darauf zu achten, die Ernährung der Katze so abwechslungsreich wie möglich zu gestalten. So erhält sie alle erforderlichen Inhaltsstoffe und die Allergiewahrscheinlichkeit auf die Nahrung wird auch geringer. Füttern Sie sie auf keinen Fall ausschließlich mit rohem Fleisch oder anderweitig einseitig. Katzen ernähren sich schließlich nicht nur von Fleisch, sondern fressen auch den Magen mit Inhalt von Beutetieren und nehmen so Pflanzen auf.

✔ Leckerbissen und schmackhafte Nahrung nehmen besonders bei alten Katzen, die nicht mehr soviel Freude an Bewegung und Spiel haben, einen großen Stellenwert ein und machen das Katzenleben lebenswerter.

✔ Wenn die Katze plötzlich die Futteraufnahme verweigert, sollten Sie bei einer älteren Katze auf jeden Fall einen Tierarzt aufsuchen und abklären lassen, ob eine Erkrankung vorliegt. Aber auch viele vorhandene Krankheiten können gut mit einer gezielten Ernährung behandelt oder zumindest positiv beeinflußt werden.

Katzen und Flüssigkeit

Trinken ist für ältere Katzen besonders wichtig, deshalb muß ihr zusätzlich zur Nahrung Wasser angeboten werden, jedoch niemals Milch. Das Schälchen Wasser sollte immer bereitstehen. Besonders bei der Ernährung mit Trockenfutter ist ausreichendes Aufnehmen von Flüssigkeit wichtig, damit es nicht zu Nierenproblemen kommt. Aber auch schnelle Erschöpfung, Kurzatmigkeit und fehlende Spannkraft des Körpers können auf Flüssigkeitsmangel hinweisen. Neben Wasser kann man – um die Flüssigkeitsaufnahme zu erhöhen – auch Fleischbrühe oder Fischsud anbieten. Beides wird ungewürzt zubereitet. Brühwürfel sind ungeeignet. Wenn die Katze konsequent die Aufnahme von Flüssigkeit verweigert, können Sie das Futter mit Brühe oder Wasser anreichern. So erzielen Sie eine höhere Flüssigkeitsaufnahme.

Feines Essen bringt alle Katzen zum Schnäuzchenlecken.

Kochen für Katzen

Kochen für Katzen ist ganz einfach und auch mit wenig Zeit möglich. So kommt in den Speiseplan der Dosennahrung etwas Abwechslung und man kann die Nahrung gezielt auf die Probleme der Katze abstimmen. Auch der ganz persönliche Geschmack Ihres Leckermäulchens kann berücksichtigt werden. Für ältere Katzen eignen sich besonders magenschonende Mahlzeiten. Katzenfutter wird immer ohne Gewürze zubereitet. Es kann aber mit Kräutern angereichert werden. Viele Katzen akzeptieren auch, wenn das Futter eingefroren und anschließend mit Zimmertemperatur verfüttert wird. So können Sie sich einen Vorrat verschiedener Speisen anlegen und den Arbeitsaufwand verringern.

Ausgewogene, gut schmeckende Ernährung mit den entsprechenden Bestandteilen ist für die Gesundheit der Katze sehr wichtig.

Selbst zubereitetes Futter können Sie einmal wöchentlich mit einem rohen Eigelb anreichern.

Generell gilt:

✔ 20 bis 30 % eiweißhaltige Lebensmittel, also Fleisch oder Fisch gegart, sowie Milchprodukte.

✔ 50 bis 60 % kohlehydrathaltige Lebensmittel, z.B. verschiedene Getreidesorten, Nudeln, Kartoffeln, gegart, eventuell Vollkornbrot.

✔ 10 bis 20 % vitamin- und ballaststoffhaltige Lebensmittel, beispielsweise Gemüse und Obst, schonend gegart oder roh.

✔ Außerdem eignen sich täglich wechselnde Zusätze wie 1/4 Teelöffel Honig, 1 Teelöffel Pflanzenöl, beispielsweise Kürbiskernöl, Maiskeimöl, Olivenöl oder Weizenkeimöl, Eigelb und Hefeflocken.
✔ Bei der Ernährung der Katzen sollten auch feste Bestandteile nicht fehlen. Dazu gehören Knorpel, damit sie ihre Zähne benutzen muß. Kauen regt auch den Speichelfluß und die Verdauungssäfte, also die bessere Verdauung an.

Gesunde Leckereien

Hähnchen mit Hüttenkäse

200 g Hähnchenfleisch
1 Tasse Hartweizennudeln
20 g Sellerie
1/4 gewaschener Apfel
1 Teelöffel Hüttenkäse

Zubereitung: Hähnchenfleisch, Sellerie und Apfel in reichlich Wasser garen. Die Nudeln dazugeben und weich kochen. Mit einem Mixer zerkleinern, oder Fleisch und Nudeln klein schneiden. Die Menge reicht für zwei Mahlzeiten. In die für die sofortige Mahlzeit bestimmte Hälfte den Hüttenkäse einrühren.
Tip: Geben Sie eine Prise Hefeflocken über das Futter.

Fischrisotto

200 g Seelachsfilet (unpaniert)
2 Eßlöffel Reis
1 gereinigte Möhre oder 100 g Kürbisfleisch

Zubereitung: Etwas Wasser aufkochen. Die Möhre putzen, schneiden oder mit dem Mixer zerkleinern. Reis, Fisch und Möhre oder Kürbisfleisch ins kochende Wasser geben und garen. Abkühlen lassen, die Möhre mit einer Gabel vollständig zerkleinern. Reicht für 2 Mahlzeiten.
Tip: Geben Sie pro Mahlzeit einen Teelöffel Magerquark zu. Empfehlung: wöchentlich einen Teelöffel Olivenöl ins Futter einzurühren.

Checkliste Ernährung

1 Die Ernährung muß dem Gesundheitszustand der älteren Katze angepaßt werden.

2 Die Nahrungsmenge muß eventuell reduziert oder mit mehr Ballaststoffen angereichert werden, da die Katze sonst zu dick werden kann.

3 Bei Gewichtsabnahme hochwertiges Futter reichen.

4 Der Bedarf am Vitaminen und Mineralstoffen steigt bei älteren Katzen an.

5 Mehrere kleine Mahlzeiten täglich sind besser als eine große Mahlzeit.

6 Trockenfutter sollte älteren Katzen nur in kleinen Mengen gegeben werden.

7 Ausreichende Flüssigkeitsaufnahme ist besonders wichtig.

8 Milch ist weder als Nahrungsmittel noch als Getränk für Katzen geeignet.

PRAXIS PFLEGE

Gute, sinnvolle Pflege gewährleistet, daß es der älteren Katze gut geht und sie Krankheiten besser übersteht. Pflege soll trotzdem einfach und ohne großen Zeitaufwand möglich sein. Dabei haben sich einige Dinge bewährt, die das Wohlbefinden heben und das Zusammenleben angenehmer machen.

Katzen sind sehr reinliche Tiere. Sie lieben eine saubere Umgebung und verwenden einen großen Teil ihrer Zeit für die Körperpflege. Der eigentliche Pflegeaufwand für eine gesunde Katze ist also nicht sehr groß, denn meist putzt sie sich ja allein. Im Normalfall müssen Sie die Haare in der Wohnung entfernen und Futter- und Wassernapf sowie Katzentoilette und Schlafplatz säubern. Wenn nun aber die Katze älter wird, ist es oft sinnvoll, sie bei ihrer Pflege etwas zu unterstützen. Die Unterstützung beschränkt sich aber auch dann oft nur auf die Bereiche, die sie selbst schlecht erreichen kann.

Augen

Gerade bei älteren Katzen können Absonderungen aus den Tränenkanälen den Bereich unter den Augen verschmutzen. Auch Verkrustungen treten auf. Diese lassen sich vorsichtig mit einem fusselfreien Tuch und warmem Wasser entfernen. Streichen Sie dabei die Augen mit dem Tuch in Richtung Nase der Katze aus. Entfernen Sie diese Verunreinigungen regelmäßig. Es kommt sonst zu Entzündungen in diesem Bereich.

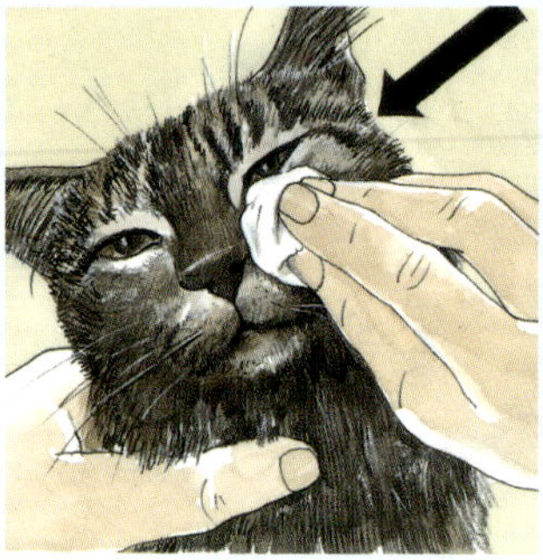

Die Augen vorsichtig in Richtung Nase auswischen.

Ohren

In den Ohren kann sich Schmutz und Ohrschmalz ablagern, aber auch Ohrmilben führen zu Problemen. Schwerwiegende Entzündungen können die Folge sein. Während einige Katzen nie Probleme mit den Ohren haben, müssen die Ohren bei anderen Katzen ständig gepflegt werden. Beim Tierarzt und im Zoofachhandel erhalten Sie entsprechende Mittel, die Beläge in den Ohren lösen und die sich dann einfach mit einem Tuch entfernen lassen. Verwenden Sie dazu niemals spitze Gegenstände. Pflegen Sie die Ohren bei Bedarf regelmäßig, es kann sonst zu schmerzhaften Ohrenentzündungen kommen. Im schlimmsten Fall verliert die Katze die Hörfähigkeit.

Mit einem Ohrenpflegemittel wird die Ohrmuschel gereinigt.

Zähne

Durch das Kauen fester Nahrungsmittel werden die Zähne meist selbst gereinigt. Allerdings kommt es bei Katzen oft zur Bildung von Zahnstein. Sie

Auf kaputte Zähne und Zahnfleischentzündungen achten.

neigen auch häufiger zu Entzündungen am Zahnfleisch (→ Seite 56). Nur wenige Katzen werden sich Zähneputzen gefallen lassen. Sie sollten dies auch nur dann machen, wenn es wirklich nötig ist. Geben Sie der Katze statt dessen Leckerbissen, auf denen sie kräftiger herumkauen muß.

Nase

Die Nase ist bei den meisten Katzen sauber und frei. Nur bei Erkrankungen kommt es zu Ausfluß. Dieser wird in der Regel von der Katze sofort abgeleckt. Ständige Verkrustungen sollten Sie vorsichtig entfernen, damit keine Entzündungen entstehen. Wenn eine Katze immer unter dunklen Verkrustungen an der Nase leidet, kann auch eine Erkrankung im Magen-Darmbereich die Ursache sein.

Krallen

Die Krallen werden von unseren Katzen selbst gepflegt. Durch Kratzen am Kratzbaum oder Bäumen werden sie an den Vorderpfoten gereinigt und gekürzt. An den Hinterpfoten werden die Krallen in der Regel abgebissen. Wenn eine Katze allerdings so lange Krallen hat, mit denen sie überall hängenbleibt und damit auch den Besitzer verletzt, sollten sie gekürzt werden. Dies müssen Sie sich von einem Tierarzt zeigen oder dort machen lassen. Bei zu kurzem Abschneiden kann es nämlich zu Verletzungen

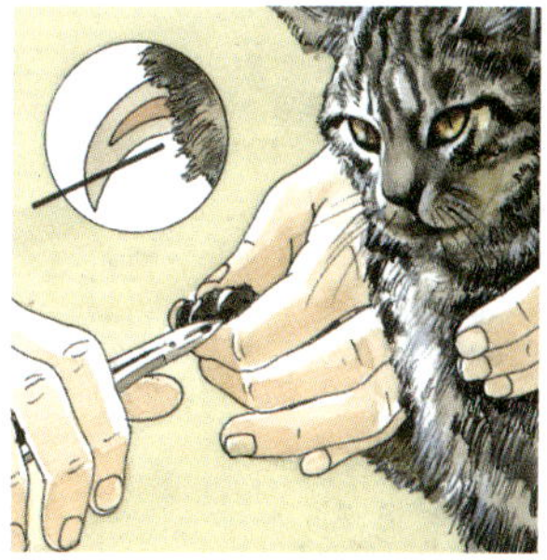

Das Krallenschneiden müssen Sie sich zuerst vom Tierarzt zeigen lassen.

und zu starken Blutungen kommen.
Krallen werden auf keinen Fall vollständig entfernt, dies ist Tierquälerei, und die Katze ist allen Gefahren schutzlos ausgeliefert.

Fellpflege

Bei älteren Katzen verliert das Fell oft etwas an Glanz. Auch gehen vermehrt Haare aus. Wenn die Katze diese beim Putzen alle schluckt, kann es zu Problemen mit der Ausscheidung der im Magen gebildeten Haarballen kommen. Bürsten ein- bis zweimal wöchentlich entfernt die losen Haare und regt die Durchblutung der Haut an. Viele Katzen lieben es auch, wenn sie gebürstet werden. Fellpflegemittel sind in der Regel nicht erforderlich. Einige Tropfen Olivenöl auf die Bürste gegeben erhöhen den Glanz. Parfümierte Fellpflegemittel sprechen zwar den Besitzer an, die Katze wird sie aber weniger angenehm empfinden. Baden sollte man Katzen nur dann, wenn sie durch Schmutz, Ausfluß oder andere Stoffe stark verschmutzt sind.

Besonders bei langhaarigen Katzen ist das Kämmen wichtig, das Fell kann sonst leicht verfilzen.

DAS VERHALTEN DER ÄLTEREN KATZE

Eine ältere Katze zeigt das typische Verhalten aller Katzen. Sie benimmt sich wie eine eigenständige Persönlichkeit. Mit unendlicher Geduld versucht sie, auch im hohen Alter ihren Willen durchzusetzen und ihr eigenes Leben zu leben.

Ältere Katzen werden zwar ruhiger, verlangen aber immer noch die gleiche Aufmerksamkeit und zeigen großes Interesse an ihrer Umwelt. Die Verhaltensweisen und Eigenschaften sind je nach Katzencharakter sehr unterschiedlich, bleiben bestehen und werden im Alter oft noch ausgeprägter. So wird sie immer mehr auf ihrem Willen beharren, kann aber dabei durchaus auch noch viele neue Vorlieben entwickeln.

Typische Verhaltensweisen

Wie auch beim Menschen gibt es bei Katzen Verhalten, welches für ältere Tiere typisch ist. Für den Katzenhalter ist das Verstehen seiner älteren Katze deshalb nicht immer ganz einfach. Ein paar der häufigsten Verhaltensweisen sind hier beschrieben:

✔ Ihre Eigenheiten werden ausgeprägter. Dinge, die früher nur unterschwellig vorhanden waren, gewinnen an Bedeutung. Katzen, die beispielsweise gerne zu bestimmten Zeiten ihr Futter verlangen, werden vermehrt auf diesen Zeiten bestehen.

Spielen allein und zu zweit ist auch für ältere Katzen wichtig.

✔ Die Katze läßt sich von ihren Vorhaben nicht mehr abbringen, sie wird sturer. Wenn sie es sich in den Kopf gesetzt hat, an einem bestimmten Platz zu schlafen, wird sie dies auch tun. Parallel lehnt sie plötzlich die bisherigen Lieblingsplätze konsequent ab.

✔ Sie sucht mehr Wärme und Gemütlichkeit. Eine ältere Katze bevorzugt besonders warme und kuschelige Plätze für ihr Schläfchen. Dies sind nicht immer gerade die Plätze, die der Katzenbesitzer als ideal betrachtet.

✔ Sie wird häuslicher. Die Spaziergänge werden kürzer, die Ruhepausen im Haus werden ausgedehnt. Der Vorteil für den Katzenbesitzer liegt auf der Hand. Die Katze ist nicht mehr so häufig Gefahren ausgesetzt.

✔ Sie wird zum Leckermäulchen und frißt plötzlich nur noch bestimmte Futtersorten, weil diese ihr besonders gut schmecken. Leider kann sie Ihnen nicht sagen, welche Sorte sie zu den einzelnen Mahlzeiten bevorzugt. So müssen Sie als Besitzer damit rechnen, daß sie sich von der gestern bevorzugten Sorte angewidert abwendet. Die Futtermittel, die die Katze auswählt, müssen allerdings nicht immer zu ihrem Wohle sein, sondern richten sich ausschließlich nach ihrem Tagesgeschmack.

Vertrauen zwischen Mensch und Tier sieht so aus. Die Katze schnurrt vor Wohlbehagen.

Erziehung

Das Zusammenleben mit Katzen jeden Alters ist erst dann schön, wenn auch die Katze sich an bestimmte Regeln hält. Nicht immer entspricht das Verhalten von Anfang an den Wünschen des Besitzers. Mit Hilfe von einfühlsamer, liebevoller Erziehung wird die Katze, auch die ältere, zu einem angenehmen Hausgenossen. Natürlich ist aufgrund ihrer bisherigen Erziehung, ihrer Lebensumstände und ihrer Erfahrungen ihr Verhalten bereits geprägt. Sie wird auf bestimmte Situationen so reagieren, wie sie es gelernt hat oder für richtig hält, auch wenn dies nicht immer Ihren Wünschen entspricht.

Um erfolgreich zu erziehen, müssen Sie zwischen Fehlverhalten, wie z.B. Unsauberkeit, Menschen angreifen und Katzenwelpen verletzen, und dem artgerechtem Verhalten wie beispielsweise Markieren, an Möbeln kratzen und mit Artgenossen streiten, unterscheiden. Artgerechtes Verhalten stört meist nur den Katzenbesitzer und kann mit Erziehung und Tricks in akzeptable Bahnen gelenkt werden. Fehlverhalten kann in der Regel leichter abgestellt werden. Hier ist die Kenntnis der Ursache wichtig, denn das Tier reagiert nur auf seine Lebensbedingungen.

Verändern Sie die Lebensumstände zur Zufriedenheit Ihrer Katze! Dazu müssen Sie sich eingehend mit der Katze beschäftigen und erkennen, was das Fehlverhalten hervorruft.

Geduld als erfolgreiche Taktik

Geduld, Konsequenz und Ablenkung sind die drei Bausteine der Katzenerziehung. Damit lassen sich viele gewünschte Verhaltensweisen durchsetzen. Katzen haben sehr viel Geduld. Wer könnte sonst stundenlang vor einem Mauseloch sitzen und auf den Erfolg warten. Diese sehr stark ausgeprägte Eigenschaft wird sie auch bei der Erziehung anwenden. Sie geht davon aus, daß mit genügend Ausdauer und Geduld am Ende sie das Ziel erreicht. Eine Taktik, die auch im Zusammenleben mit den Menschen meistens von Erfolg gekrönt ist. Zeigen Sie ihr, daß auch Sie viel Geduld haben.

Ablenkung als Erziehungshilfe

Mit Hilfe von Ablenkung können Sie erreichen, daß die Katze das ungewünschte Verhalten ablegt. Am besten beschäftigen Sie sich immer dann mit mit der Katze, wenn sie unerwünschte Dinge tut. Allerdings müssen Sie dabei sehr vorsichtig sein, damit die Katze Ihre Absicht nicht durchschaut. Sonst wird sie auf diese Art versuchen, Ihre Aufmerksamkeit zu erregen. Es ist beispielsweise sinnvoll, wenn Sie einen Ball in eine andere Richtung werfen, so daß die Aufmerksamkeit der Katze abgelenkt wird und sie dies nicht unbedingt mit Ihnen in Verbindung bringt. Futter ist kein geeignetes Mittel, um die Katze abzulenken, denn es ist ihrer Gesundheit nicht zuträglich. Dies sollte also nur dann gemacht werden, wenn die Katze sonst in Gefahr geraten würde.

TIP

Lebensfreude

Eine Katze lebt, um sich wohl zu fühlen, deshalb sind Lebensfreude und Wohlbefinden für jede Katze von größter Bedeutung. Wer also eine Katze in den Haushalt aufnimmt, sollte sich dessen bewußt sein. Dabei beeinflußen vier Dinge besonders stark die Lebensfreude einer Katze: Fressen, Spielen, Schlafen und Schmusen. Es ist also ganz einfach, eine Katze glücklich zu machen. Sie müssen nur diese vier Grundbedürfnisse der Katze befriedigen. Es ist auch wichtig, einer Katze ein abwechslungsreiches Leben zu ermöglichen. Freilaufende Katzen erleben von Haus aus bereits auf ihren Ausflügen in die Umgebung sehr viel. Aber auch bei reinen Wohnungskatzen ist es ohne größere Probleme möglich, ihnen ein interessantes Leben zu bieten. Spielsachen und besonders die Spiele mit dem geliebten Menschen tragen maßgeblich zur Lebensfreude der Katze bei.

Aufforderung zum Spiel ... Spielsachen bringen Abwechslung ins Katzenleben.

Ältere Katzen sind wahre Kletterkünstler, eine Leiter ist für sie kein Problem.

Seien Sie konsequent

Eine Grundbedingung für eine erfolgreiche Erziehung ist Konsequenz. Wenn etwas verboten ist, muß es immer verboten sein. Es hilft weder Ihnen noch der Katze, wenn Verhaltensweisen einmal geduldet und dann wiederum bestraft werden. Die Katze ist verunsichert und wird immer wieder versuchen, ihren Willen durchzusetzen. Dies gilt besonders auch dann, wenn eine ältere Katze neu ins Haus kommt. Sie kann es nicht verstehen, wenn Dinge in den ersten Tagen erlaubt sind, die später verboten werden.

Mit der Katze reden

Katzen können die menschliche Sprache sehr gut verstehen und sogar verschiedene Befehle erlernen, die sie nicht unbedingt immer befolgen. Manche sind dabei recht talentiert, manche weniger erfolgreich. Sie können diese Fähigkeit aber nur dann sinnvoll anwenden, wenn Sie mit der Katze kommunizieren. So kann eine Katze auf ihren Namen und gleichzeitig auf Kosenamen hören. Auch bestimmte Sätze bringt die Katze mit Handlungen in Verbindung. So hören vielen Katzen beispielsweise auf die Aufforderung zum Essen und auf den Wunsch, ins Haus zu kommen. Wenn die Katze die Aufforderung mit positiven Erlebnissen in Verbindung bringt, wird sie auch auf diese hören. Eine Katze, die erst nach mehrmaligen Rufen kommt, sollte nicht bestraft werden. Sie bringt sonst ihre Handlung mit der Strafe in Verbindung. Beim nächsten Mal wird sie dann gar nicht erst kommen. Loben Sie sie deshalb lieber. Wenn Sie viel mit Ihrer Katze sprechen, wird diese einen Teil der Erziehung als Zuwendung empfinden und so viel eher richtig auf Ihre Wünsche reagieren. Viele Katzen sprechen auch mit ihrem Menschen, sie antworten dann. Auch dies ist ein guter Ansatzpunkt für eine Erziehung. Wenn die Katze sich verstanden fühlt, und Sie auf die Katze eingehen, wird sie sich eher nach ihren Vorstellungen richten, denn Katzen sehen ihren Menschen als Partner und nicht als Herren an.

Strafen fördern Gegenwehr

Natürlich muß eine Katze teilweise für ihr Fehlverhalten gestraft werden. Es kann nicht kommentarlos hingenommen werden, daß sie ständig Fenster, Türen und Tapeten zerkratzt. Allerdings sollten die Strafen nicht in Form von Schlägen vorgenommen werden. Auch wer seine Katze ständig anschreit, wird nur mäßigen

Erfolg haben. Im Gegenteil, Katzen haben einen ausgeprägtes Rechtsempfinden (dabei allerdings meist in ihrem eigenen Interesse) und reagieren bei Strafen oft mit Protest. Dies kann soweit gehen, daß die Katze vor Ihnen demonstrativ ein Verhalten zeigt, für das sie immer gestraft wird. Sie beobachtet Sie dabei genau und wartet nur den richtigen Zeitpunkt ab, um schnell zu verschwinden und so der ihrer Meinung nach ungerechten Strafe zu entgehen. Eine Situation, die sich immer weiter hochschaukelt, bis sie für den Besitzer unerträglich werden kann. Mit liebevoller Geduld, großem Einfühlungsvermögen, der nötigen Konsequenz und Ablenkung gelingt die Erziehung eindeutig besser und langanhaltender.

Jagdlust liegt der Katze im Blut. Auf Bäumen hat sie den besten Überblick.

Katzen bei Tisch

Ältere Katzen würden sicherlich auch ihr Futter mit dem geliebten Menschen teilen und können seine geringe Begeisterung nur wenig verstehen. Es gibt nun ein paar Tricks, um zu verhindern, daß die Katze sich aus Ihrem Teller oder dem des Gastes bedient. Füttern Sie sie vor dem Essen, Sie und die Katze essen gleichzeitig, und sie ist dann satt. Springt sie auf den Tisch, wird sie mit einem kräftigen »Nein« heruntergehoben. Lenken Sie sie mit Spielsachen ab. Hilft dann alles nichts, muß sie aus dem Zimmer.

DOLMETSCHER

Die ältere Katze hat viele Möglichkeiten, sich ihrem Besitzer verständlich zu machen. Wenn Sie richtig reagieren, wird es eine erfolgreiche Partnerschaft.

☞ ***Dieses Verhalten zeigt meine Katze.***

? ***Was will meine Katze damit ausdrücken?***

! ***So reagiere ich richtig auf ihr Verhalten!***

☞ Die Katze schlägt nach einem Ball.
? Sie möchte spielen.
! Lassen Sie sie spielen.

☞ Die Katze schaut wachsam.
? Sie wartet auf Beute.
! Stören Sie sie nicht.

☞ Die Katze faucht, der Körper ist angespannt.
? Die Katze ist in Abwehrhaltung, sie kann auch angreifen.
! Lassen Sie die Katze in Ruhe, bis sie sich wieder entspannt.

☞ Die Katze ruht.
? Sie ist müde und braucht Erholung.
! Lassen Sie ihr genügend Ruhezeit.

Die Katze streicht Ihnen um die Beine.

? Sie sucht Kontakt zu Ihnen und möchte Streicheleinheiten.

! Beschäftigen Sie sich mit ihr.

Die Katzen ruhen gemeinsam.

? Katzen kuscheln sich gerne an einen Artgenossen.

! Gönnen Sie den Katzen die traute Zweisamkeit.

Zwei Katze begegnen sich.

? Sie zeigen vorsichtige Abwehrhaltung.

! Lassen Sie sie gewähren.

Eine Katze bei der Körperpflege.

? Körperpflege ist für Katzen sehr wichtig.

! Stören Sie die Katze nicht.

Die Katze in zärtlicher Zweisamkeit mit ihrem Spielgefährten.

? Sie genießt die Zuwendung.

! Eine gesunde Katze ist keine Gefahr für Ihr Kind.

Verhaltensprobleme

Verhalten wird dann zum Problem, wenn der Menschen sich gestört fühlt. Dabei ist es egal, ob es sich um ein Fehlverhalten oder ein artgerechtes Verhalten der älteren Katze handelt. Die Gründe dafür sind oft nur schwer zu finden und lassen sich nicht immer abstellen. Verhaltensprobleme können das Zusammenleben unerträglich machen. Nicht selten endet es damit, daß die Katze abgegeben wird, für die Katze sicher die denkbar schlechteste Lösung.
Generelle Lösungen kann man in der Regel nicht bieten. Aber wenn ein Problem erst einmal erkannt ist, kann man die Situation in vielen Fällen für die Katze und somit auch für den Menschen erträglicher machen. Auf jeden Fall sollte die Katze nicht bestraft werden. Zuwendung bringt größere Erfolge. Auch die Bach-Blüten- und die Aromatherapie helfen, die seelische Belastung zu mildern und die Lebensumstände besser zu akzeptieren. Oft resultieren die Probleme auch aus dem Alter des Tieres. Beim Tierarzt können Sie beispielsweise durchblutungssteigernde und aktivierende Medikamente erhalten, die die Gesundheit der Katze verbessern. Katzenprobleme lassen sich meist nicht innerhalb weniger Tage abstellen. Geduld, Einfallsreichtum und Fingerspitzengefühl sind erforderlich. Bewahren Sie das Verständnis für die ältere Katze und bringen Sie die Bereitschaft auf, nach Lösungen zu suchen. Nur dann kommt es zu einem wirklichen Erfolg.

Die häufigsten Probleme

✔ Die Katze ist unsauber

Ein Besuch beim Tierarzt klärt, ob es eine gesundheitliche Störung ist, die behoben werden kann. Unsauberkeit kann dann verschiedene Ursachen haben:
Die ältere Katze findet die Katzentoilette nicht mehr: Hier können durchblutungssteigernde und aktivierende Medikamente helfen.
Die Katze markiert: Sie fühlt sich beeinträchtigt, der Grund muß herausgefunden werden. Es gibt Katzen, die markieren und dies, obwohl Sie sich besonders viel Mühe geben, der Katze ein positives Umfeld zu schaffen.
Die Katzentoilette spielt ebenfalls eine große Rolle. Katzen benützen sie oft nur dann, wenn sie sauber ist. Sie sollte an einem ruhigen Ort stehen, damit die Katze ihr Geschäft ungestört erledigen kann. Es kann auch vorkommen, daß eine Katze die andere am Besuch der

Ein Kratzbrett schützt Möbel und Teppiche.

Verhaltensprobleme

Problem	Lösung
Die Katze ist unsauber.	Katzentoilette säubern, für einen ruhigen Platz sorgen. Gesundheitskontrolle beim Tierarzt. Nach Problemen suchen und diese abstellen.
Die Katze zerkratzt Möbel und Tapeten.	Bieten Sie genügend Möglichkeiten, damit die Katze kratzen kann. Bringen Sie die vorgesehenen Kratzmöglichkeiten dort an, wo die Katze immer kratzt.
Die Katze schreit ständig.	Die Katze ablenken. Eine Untersuchung beim Tierarzt klärt, ob sie Schmerzen hat oder taub ist.
Die Katze beißt und kratzt.	Die Katze ablenken, keine Situationen provozieren, die sie zu diesem Verhalten veranlassen.
Die Katze springt beim Essen auf den Tisch.	Nehmen Sie die Katze konsequent immer wieder herunter. Gegebenenfalls wird sie beim Essen ausgesperrt.
Die Katze verweigert die Futteraufnahme.	Gesundheitskontrolle. Verdorbenes Futter entfernen, Lieblingsspeise und das von Ihnen gewünschte Futter mischen.

Toilette hindert oder sie dort stört. Wenn Ihre Katze immer an eine bestimmte Stelle macht, sollten Sie zumindest vorübergehend dort eine zusätzliche Katzentoilette aufstellen.

✔ Die Katze zerkratzt Möbel und Tapeten
✔ Die Katze schreit ständig
✔ Die Katze kratzt und beißt
✔ Die Katze springt beim Essen auf den Tisch
✔ Die Katze verweigert die Futteraufnahme

Bei diesen Verhaltensweisen ist die ältere Katze mit ihrer Situation unzufrieden oder zu wenig erzogen. Oft wollen Katzen mit den Problemen auf eine Situation aufmerksam machen, die ihnen nicht gefällt. Eine sensible Katze reagiert sehr schnell auf ungewohnte Situationen oder auf Dinge, die ihr nicht passen. Viele Probleme lassen sich am besten lösen, wenn sie noch nicht zur Gewohnheit geworden sind. Leider läßt sich nicht immer alles abstellen.

Häufige Auslöser

✔ Umzug
✔ Neue Möbel
✔ Renovierungsarbeiten
✔ Verlust der Bezugsperson oder eines Tierkameraden
✔ Urlaub der Bezugsperson
✔ Aufenthalt bei anderen Menschen, im Tierheim oder einer Tierpension
✔ Unerkannte Krankheiten
✔ Eifersucht auf einen neuen Partner oder ein Kind, aber auch auf ein neues Tier

Hier können Katzen so extrem reagieren, daß sie den neuen Partner richtiggehend verfolgen und ihr Fehlverhalten bevorzugt vor den Augen des Betroffenen zeigen. Je mehr darauf reagiert wird, desto größer ist der Erfolg für die Katze. Ablenkung und Nichtbeachtung führen oft eher zum Erfolg.

Warum Beschäftigung?

Schmusestunden sind für eine glückliche Mensch-Katzen-Beziehung wichtig.

Spiel und Spaß ist für unsere intelligenten Katzen und gerade für die Katzensenioren besonders wichtig, damit sie sich wohlfühlen. Bei Katzen gilt wie beim Menschen auch, Beschäftigung von Körper und Geist hält die Katze jung.

Katzen gehören zu den Tieren, die das besonders gut auch alleine können. Was gibt es Schöneres, als eine Katze, die selbstvergessen mit einem Blatt, einem Stück Papier oder einem Ball spielt. Natürlich haben Katzen mit freiem Auslauf es leichter, einen interessanten Zeitvertreib zu finden. Aber auch sie freuen sich, wenn sich ihr Mensch mit ihnen beschäftigt.

Reine Wohnungskatzen sind dagegen auf die Möglichkeiten angewiesen, die der Katzenbesitzer ihnen bietet. Ein Blick aus dem Fenster ist zwar interessant, reicht aber nicht aus, um glücklich und zufrieden zu sein. Katzen, die nicht ausreichend zu tun haben, reagieren häufig mit Fehlverhalten, die das Zusammenleben schwierig machen. Aber auch viele bestehende Probleme können durch ausreichende Aufgaben verbessert werden.

Auch wenn Katzen einen Großteil des Tages ruhen, so nimmt doch die Beschäftigung allein oder mit ihrem Menschen einen wichtigen Bereich ein, mit zunehmendem Katzenalter wird der Zeitraum dafür etwas kürzer. Welche die Lieblingsbeschäftigung Ihrer Katze ist, liegt an ihrem Charakter und an ihren Möglichkeiten. Werden ihr keine Spielmöglichkeiten geboten, sucht sie sich selbst welche, oft zum Ärger des Besitzers.

Beschäftigungsmöglichkeiten

✔ Der wohl schönste Zeitvertreib für Mensch und Katze ist das ausgiebige Schmusen. Allerdings entwickeln Katzen auch hier ihre ganz persönlichen Eigenheiten. Welche Körperteile Ihre Katze gerne gestreichelt haben möchte, wird sie Ihnen durch ihr Verhalten zeigen.

✔ Ein Aquarium mit gut befestigter Abdeckung bietet Katzen viel interessante Abwechslung und ein warmes Beobachtungsplätzchen.

✔ Besonders gerne »helfen« Katzen ihrem Besitzer. Gleichgültig, um welche Tätigkeit es sich handelt, Katzen sind einfach dabei. Beim Kochen, bei Schreibarbeiten und anderen Hausarbeiten begleiten sie ihren Besitzer und sind hilfreich mit der Pfote zur Stelle. Bei den meisten Arbeiten ist es möglich, die Katze in die Tätigkeit mit einzubeziehen und so interessante Momente zu bieten.

✔ Aber auch Spiele jeder Art sind eine willkommene Beschäftigung. Allerdings erfordern viele Spiele den Menschen als Partner. Spielmöglichkeiten sollten auch dann vorhanden sein, wenn der Mensch nicht im Haus ist. Im Zoofachhandel erhalten Sie jede Menge Spielsachen für Ihre Katze. Bälle, Säckchen, Fellmäuse, Kratzbäume und vieles mehr bieten eine willkommene Abwechslung im Katzenalltag. Spielzeug, die die Intelligenz der Katze herausfordern, geben der Katze die Möglichkeit, sich länger damit zu beschäftigen.
Ein Kratzbaum dient nicht nur als aufregender Spiel- und angenehmer Schlafplatz, er schützt auch Möbel und Teppiche vor Kratzspuren. Allerdings sollte der Kratzbaum für die Katze zweckmäßig sein und nicht nur gut in das Zimmer passen.

✔ Ist Ihre Katze umständehalber häufig allein, ist die schönste Beschäftigung sicherlich ein Artgenosse, der allerdings von älteren Katzen nicht immer problemlos akzeptiert wird. Aber auch ein anderes Tier kann eine sinnvolle Beschäftigung sein. Kaninchen und Katzen beispielsweise verbindet oft eine tiefe Freundschaft. Vorsicht ist allerdings bei kleinen Tieren wie Vögeln, Fischen und Mäusen geboten. Auch wenn die Katze die Tiere mag, kann in langweiligen Stunden trotzdem ein Unglück passieren.

✔ Futter, auch wenn es noch so gut gemeint ist, ist keine Beschäftigungstherapie für eine gelangweilte Katze. Damit wird die Gesundheit der Katze unnötig belastet, und sie wird träge. Ihr Wohlbefinden und ihre Lebensqualität steigen aber nicht.

Wer seine Katze versteht und auf ihre Bedürfnisse eingeht, wird auch keine Schwierigkeiten haben, für ausreichende und spannende Beschäftigungen zu sorgen.

Ältere Katzen beobachten gerne ihre Umwelt.

Spielen gehört zur liebsten Beschäftigung einer Katze und zum Bewahren ihrer Lebensfreude. Dies ist bei einer älteren Katze nicht anders. Die meisten Spiele erfindet die Katze selbst, aber auch Ihre Anregungen werden gerne angenommen.

Katzen bleiben meist bis ins hohe Alter gelenkig und verspielt. Das ist von der Natur so eingerichtet, damit sich auch die ältere Katze noch durch Jagd auf kleinere Tiere ernähren kann. Im täglichen Spiel allein oder mit dem Menschen trainiert die Katze diese Fähigkeiten. Teilweise muß dabei natürlich auf die bestehenden gesundheitlichen Beeinträchtigungen der älteren Tiere Rücksicht genommen werden.
Da Katzen sehr gerne spielen, kann man ihnen viele Spiele beibringen. Durch die schnelle Auffassungsgabe und Reaktion der Katze sowie Ihre Geduld kann die Katze viel lernen. Je mehr Anforderungen Sie auf diesem Gebiet an die Katze stellen, desto größer werden Ihre Erfolge. Im Fachhandel ist eine Vielzahl verschiedener Spielsachen für Katzen erhältlich, aber auch mit einfachen Mittel kann man eine Katze zum Spiel auffordern.
Jede Katze bevorzugt eigene Spielsachen oder Dinge, mit denen sie spielen möchte. Leider sucht sie sich dabei auch manchmal Dinge aus, die dem Katzenbesitzer lieb und wert sind. Die meisten Katzen lassen sich dann durch ein anderes Spielzeug schnell ablenken. Spielen ist immer eine gute Möglichkeit, auch etwas Erziehung einfließen zu lassen.

Bändchenspiel
Ein Band ist ein ideales Spielzeug. Mit ein paar Bewegungen vor dem Kopf der Katze gelingt es fast immer, sie zu einem lustigen Spiel herauszufordern. Die Katze versucht, das Band zu fangen. In regelmäßigen Abständen sollten Sie der Katze den Jagderfolg lassen. Sie wird entweder stolz davon gehen oder alleine weiterspielen.
Dann können Sie wieder der Katze das Band abjagen, und das Spiel beginnt erneut. Gummibänder und Fäden (beispielsweise Stickgarn) sind gefährlich, da die Katze diese verschlucken kann. Das Band können Sie auch beispielsweise an die Türklinke binden, dabei müssen Sie allerdings darauf achten, daß keine Kratzer an der Tür entstehen können. Auch sollte das Band dann nur so kurz sein,

Apportieren

Apportieren ist ein Spiel, das nicht alle Katzen gleichermaßen schnell oder überhaupt lernen. Sie benötigen einen leichten Gegenstand (zusammengeknülltes Papier, sehr kleiner leichter Plastikbecher), den die Katze gut ins Mäulchen nehmen kann. Diesen werfen Sie für die Katze. Wenn diese dann den Gegenstand ins Mäulchen nimmt, die Katze locken. Bei Erfolg mit einem Leckerbissen belohnen. Dieses Spiel kann man auch zu dritt (zwei Menschen und eine Katze) spielen, allerdings sucht die Katze sich dann oft denjenigen selbst aus, dem sie die Beute bringen will, ein für Katzen typisches Verhalten.

daß keinerlei Gefahr für die Katze besteht, wenn sie sich mit der Pfote oder einem anderen Körperteil darin verwickelt.

Angelspiel

Dazu befestigen Sie ein Band an einem Stock (Angel auch im Fachhandel erhältlich). Unten am Band befestigen Sie einen Stoffball oder ähnliches. Nun können Sie mit der Angel die Katze zum Spiel auffordern. Beim Angelspiel vermeiden Sie übrigens Kratzer an Ihren Händen und können auch ängstliche Katzen aus der Reserve locken.

Ballspiel

Dazu nehmen Sie einen Ball aus Gummi oder Wolle. Diesen Ball werfen Sie der Katze zu. Häufig passiert es dann allerdings, daß die Katze alleine weiterspielt. Viele Katzen lernen aber auch, den ihnen zugerollten Ball wieder zurückzuschlagen.

Katzen-Squash

Dazu brauchen Sie eine freie Wand und einen Vollgummiball. Diesen werfen Sie gegen die Wand. Nach einiger Übung versucht die Katze, den zurückspringenden Ball zu fangen. Viele Katzen sind bei diesem Spiel wahre Ballkünstler. Wenn Sie das Spiel etwas abwandeln, fungiert die Katze auch gerne als Torwart. Dazu müssen Sie nur darauf achten, daß Sie den Ball zuerst an der Katze so vorbeiwerfen, daß diese ihn erreichen kann.

Spielsachen machen Katzen glücklich. Sie müssen nicht immer teuer sein.

GESUNDHEIT UND GESUNDHEITSKONTROLLE

Eine gesunde, lebhafte Katze ist für den Katzenbesitzer die größte Freude. Wenn die Katze älter wird, kann es zu einigen gesundheitlichen Problemen kommen. Vorbeugend kann der Katzenhalter einiges tun, um Gesundheit und Wohlbefinden der Katze zu erhalten.

Entscheidend für die Gesundheit der Katze sind sicherlich die Erbanlagen, die wir – außer bei einer Zucht – nicht beeinflussen können. Die sorgfältige Aufzucht der jungen Katze mit ausgewogener Ernährung legt allerdings einen ersten Grundstein für die zukünftige Gesundheit der Katze. Weitere Faktoren sind die tierärztliche Versorgung bei Krankheiten sowie regelmäßige Impfungen und Entwurmungen. Natürlich gibt es auch gesundheitliche Probleme, die der Halter nicht in der Hand hat. Vielfach ist es aber möglich, durch gute Pflege und richtige Ernährung die Probleme in Grenzen zu halten.

Alterserscheinungen

Die Zahl der allgemeinen Erkrankungen und Empfindlichkeiten bei Katzen steigt im Alter etwas an, so haben z.B. Katzen mit einem empfindlichen Magen-Darm-Trakt im Alter häufiger Beschwerden in diesem Bereich. Die Ernährung muß darauf entsprechend abgestimmt werden. Es kann auch vorkommen, daß sich Beschwerden und Empfindlichkeiten mit zunehmendem Alter der Katzen auch verlieren. Auch die Sinnesorgane funktionieren möglicherweise nicht mehr optimal. Sie kann dann Schwierigkeiten beim Fressen haben, weil sie das Futter nicht mehr riecht. Im Extremfall müssen Sie der Katze etwas Futter ins Mäulchen geben, damit sie wieder auf den Geschmack kommt. Auch die Augen werden schwächer, und einige Katzen werden taub oder hören schlecht. Dies erkennt man daran, daß sie plötzlich viel lauter »sprechen«, als normal. Ältere Katzen können ihr Leben jedoch sehr gut den gesundheitlichen Beeinträchtigungen anpassen. Wenn die Augen schlechter werden, gleichen sie das beispielsweise mit dem Gehör- und Geruchssinn weitgehend aus und leben glücklich und zufrieden weiter.

Impfungen

Impfungen sind auch bei älteren Katzen unbedingt erforderlich. Sie sind zwar nicht mehr so empfindlich, aber der ältere Körper hat bei einer Erkrankung nicht mehr genügend Abwehrkräfte, um die Krankheit zu überstehen. Auch treten einige Krankheiten, beispielsweise FIP (→ Seite 53) und Leukose (→ Seite 56) ab etwa zehn Jahren noch einmal gehäuft auf.

Katzen finden überall ein gemütliches und weiches Plätzchen.

Katzenmutter und Katzenkind, ein Bild voll Zärtlichkeit und Liebe.

Gesundheitskontrolle

Eine regelmäßige Gesundheitskontrolle schützt Ihre ältere Katze vor vielen Krankheiten und Problemen, weil diese noch rechtzeitig erkannt und behandelt werden können. Später ist oft eine Heilung nicht mehr oder nur mit hohen Kosten und Leiden für die Katze möglich.

Bei der Gesundheitskontrolle, die auch von Ihnen durchgeführt werden kann, wird die Katze äußerlich genau betrachtet. Einmal pro Woche sollten Augen, Farbe der Schleimhäute, Fell, Haut und Zähne kontrolliert werden. Sie geben oft deutliche Hinweise auf innere und äußere Erkrankungen. Die Kontrolle von Augen, Fell, Haut und Zähnen kann problemlos während der normalen Pflege durchgeführt werden. Beim Streicheln können Sie die Katze vorsichtig auf Schmerzen, Verletzungen und Gewächse im Hautbereich abtasten, ohne daß sie dies als Zwang oder Belästigung empfindet.

Aber auch Veränderungen bei der Futter- und Wasseraufnahme und im Verhalten sowie Farbe und Konsistenz von Kot und Urin sollten Sie beobachten, denn diese können ebenfalls Hinweise auf Krankheiten geben.

Eine regelmäßig durchgeführte Gesundheitskontrolle ist die Grundlage für ein glückliches und langes Katzenleben.

Geburtenkontrolle

Die Geburtenkontrolle ist auch noch bei älteren Katzen ein Problem, denn weibliche Katzen können bis ins hohe Alter regelmäßig zwei- bis dreimal im Jahr Welpen auf die Welt bringen. Die Belastung einer älteren Katze durch Trächtigkeit, Geburt und Aufzucht der Jungen ist sehr hoch und leider ist es vielfach auch unmöglich, für die vielen Welpen gute Plätze zu finden. Deshalb ist es am sichersten, wenn die Katze bereits als Jungtier kastriert wird. Kastration bei weiblichen Katzen empfiehlt sich, denn bei einer Sterilisation werden nur die Eierstöcke durchtrennt und die Katze wird weiterhin rollig, manchmal sogar fast ununterbrochen. Das beeinträchtigt deutlich die Lebensqualität der Katze. Auf die Dauer erkrankt die Katze auch an ihrer permanenten Rolligkeit. Bei weiblichen Katzen ist die Kastration mit einer aufwendigen Operation verbunden, da bei der Entfernung der Eierstöcke die Bauchhöhle eröffnet werden muß. Nachdem alle freilebenden Katzen, damit sie nicht wiederholt Junge bekommen, operiert werden sollten, gehört die Kastration zu den Routineoperationen in jeder Tierarztpraxis. Die frühe Kastration nach der ersten Rolligkeit verhindert sogar Brustkrebs und andere gynäkologische Erkrankungen im Alter. Wurde es versäumt, die Katze zu kastrieren, kann man auch mit der Katzenpille oder läufigkeitsverhindernden Spritze arbeiten. Dies beinhaltet aber ein erhöhtes Risiko an Gebärmutterentzündungen und Brustkrebs.

Bei Katern ist die Kastration einfacher. Der verantwortungsbewußte Besitzer eines Katers wird sein Tier kastrieren lassen, allein schon deshalb, weil das Tier dann weniger streunt und weniger Rauf- und Unfallverletzungen nach Hause bringt. Bei reinen Wohnungskatern ist die Kastration wegen des penetranten Geruches durch das Markieren sowieso fast unumgänglich.

Checkliste Gesundheitskontrolle

1. **Die Augen sind klar, sie tränen nicht. Unterhalb der Augen sind keine Spuren von Tränenfluß zu erkennen.**
2. **Die Nase ist trocken, warm, aber nicht heiß, oft feucht glänzend und nicht verschmutzt.**
3. **Die Ohren sind sauber, der Kopf wird nicht geschüttelt oder schief gehalten, es wird nicht an den Ohren gekratzt.**
4. **Der After und die Rückseite der Hinterbeine sind sauber, weder verklebt noch naß.**
5. **Das Fell ist glatt, nicht verfilzt und ohne Schuppen.**
6. **Die Haut ist sauber, ohne Krusten und ohne Schuppen.**
7. **Beim Streicheln spürt man keine Knoten, und die Katze reagiert bei Berührung bestimmter Körperteile nicht empfindlich.**

Katzen – auch ältere Tiere – besitzen eine enorme Sprungkraft.

Hausapotheke für die ältere Katze

Eine Hausapotheke sollte auf die Bedürfnisse und Anforderungen einer Katze abgestimmt sein. Viele Utensilien aus der normalen Hausapotheke lassen sich verwenden, diese sollte aber durch die notwendigen Medikamente und Hilfsmittel ergänzt werden, die Ihrer Katze im Notfall Hilfe leisten können. Am besten besprechen Sie mit Ihrem Tierarzt, was Sie von Ihrer Hausapotheke verwenden können.

Allgemeine Hilfsmittel

✔ Latexhandschuhe
✔ Arbeitshandschuhe
✔ Plastikunterlage (für Babys)
✔ Sterile Einmalspritzen 5 ml und 20 ml ohne Nadel
✔ Digitales Fieberthermometer
✔ Liste mit Adressen und Telefonnummern von Tierarzt, Tierklinik und Tierschutzverein
✔ Nagelschere
✔ Pinzette
✔ Mittelgroße Schere
✔ Taschenlampe, ein Satz neue Batterien

Verbandsmaterial

✔ Klebeband
✔ Elastische Mullbinden, 4 cm breit
✔ Verbandtuch 60 x 80 cm für Verbrennungen und großflächige Wunden
✔ Verbandswatte
✔ Sterile Wundauflagen (nicht klebend)
✔ Metallbedampfte Rettungsfolie

Medikamente

✔ Salbe gegen Verbrennungen
✔ Medizinische Kohle gegen Vergiftungen
✔ Kreislaufstabilisierendes Medikament
✔ Medikament zum Ausgleich des Elektrolythaushaltes
✔ Medikament gegen Übelkeit
✔ Notfalltropfen (Bach-Blütentropfen)
✔ Nahrungsmittelkonzentrat
✔ Teebaumöl
✔ Wund- und Heilsalbe

Die Medikamente für die Hausapotheke erhalten Sie bei Ihrem Tierarzt. Medikamente für Menschen können nicht immer einfach für Tiere übernommen werden, manchmal wirken sie anders und möglicherweise auch gefährlich. Auch die Dosierung muß der Katze genau angepaßt sein.

Krankheiten

Ältere Katzen erkranken zum Teil besonders häufig an bestimmten, im folgenden beschriebenen Krankheiten, ansonsten handelt es sich um die gleichen wie bei jüngeren Katzen. Während geimpfte Katzen nach den ersten drei Jahren in der Regel nur noch selten krank werden, steigt die Anfälligkeit mit zunehmendem Alter wieder an. Die körpereigenen Abwehrkräfte nehmen ab, und der Körper bereitet sich durch den Alterungsprozeß langsam auf das Sterben vor. Abnutzungserscheinungen machen sich nun auch langsam bemerkbar.
Einige Krankheiten können von der Katze auch auf den Menschen übertragen werden, dies sind beispielsweise Tollwut und Toxoplasmose (besonders gefährlich für Schwangere, → Seite 23). Aber auch Erkältungserkrankungen können übertragen werden, allerdings weitaus häufiger geschieht dies umgekehrt vom Menschen auf die Katze. Parasiten wie Würmer und Läuse sowie Hautpilz können ebenfalls von der Katze auf den Menschen übergehen.
Der Übertragungsgefahr kann man mit ausreichender Hygiene und den entsprechenden Maßnahmen entgegenwirken.

FIP und FIV

Die nasse und trockene Form der FIP (Feline Infektiöse Peritonitis) und FIV (Felines Immundefizienz Syndrom-Virus) sind zurecht gefürchtet, denn Testergebnisse sagen nicht eindeutig, ob eine Katze erkrankt oder infiziert ist. Bei bereits infizierten Tieren ist eine Impfung wirkungslos. Erkennbar sind die Erkrankungen oft an gestörtem Allgemeinbefinden, Abmagerung, Apathie, Fieberschüben, Wasseransammlung im Bauch, motorischen Störungen, die durch Störungen im zentralen Nervensystem verursacht werden und Gelbfärbung der Schleimhäute, Augen und Haut. Eine Heilung ist nicht möglich. Erkrankte Tiere müssen unbedingt von anderen Tieren ferngehalten werden. FIV wird auch Katzenaids genannt, da es mit dem HIV-Virus des Menschen eng verwandt ist. Gegen FIP gibt es mittlerweile eine Impfung. Freilebende Katzen, die viel Kontakt mit anderen Katzen haben, sollten einmal pro Jahr dagegen geimpft werden. Gegen FIV gibt es wie bei HIV des Menschen noch keinen wirksamen Impfstoff.

TIP

Fitneßtraining

Fitness fördert die Gesundheit der Katze. Krankheiten werden besser überstanden, altersbedingte Probleme treten erst später auf. Tägliches Fitneßtraining ist also auch für eine ältere Katze sinnvoll und macht dem Halter auch viel Spaß. Spielen Sie jeden Tag mit Ihrer Katze und überanstrengen Sie sie dabei nicht. Die Massage erreichen Sie bereits durch etwas kräftigere Streicheleinheiten oder durch Bürsten, so wird der Kreislauf angeregt und die Durchblutung gefördert. Frische Luft und Sonne sind auch für eine Katze wichtig, die nur in der Wohnung gehalten wird. Lassen Sie die Katze auf den Balkon oder gehen Sie mit ihr spazieren.

<u>Beispiel für ein Fitnessprogramm der älteren Katze</u>

- ✔ gesunde, ausgewogene Ernährung
- ✔ täglich ausreichend Bewegung, Spiele
- ✔ leichte Massage
- ✔ einmal wöchentlich bürsten
- ✔ ausreichende Ruhezeiten
- ✔ frische Luft

Katzen sitzen gern erhöht. So haben sie einen besseren Überblick.

Herzerkrankungen

Herzerkrankungen sind bei Katzen häufig nur sehr schwer zu diagnostizieren, da die Tiere oft während der Untersuchung heftig schnurren. Auch die Aufregung und der dadurch verstärkte Herzschlag machen eine Untersuchung und eine sichere Diagnose schwierig. Wenn die Katze auffällig häufig schlapp ist, gelegentlich hustet und blasse Schleimhäute besitzt, kann dies für den Katzenbesitzer ein Hinweis auf Herzprobleme sein. Durch eingehende Untersuchung in der Tierklinik kann ein Herzfehler gut diagnostiziert und auch erfolgreich behandelt werden.

Infektionserkrankungen

Dazu zählen FIP, FIV, Katzenseuche, Katzenschnupfen, Leukose und Tollwut, die in diesem Kapitel beschrieben werden.

Katzenschnupfen

Wenn die Katze an Katzenschnupfen erkrankt ist, können Sie das leicht erkennen, denn sie niest dann häufig, hat tränende Augen und Ausfluß aus der Nase oder diese ist verstopft. Beginnender Katzenschnupfen sollte rechtzeitig behandelt werden, da sonst schwerere Erkrankungen hinzukommen können, die dann auch schwieriger und langwieriger zu behandeln sind.
Gegen einige bestimmte Viren gibt es eine jährliche Impfung, die nicht nur bei freilaufenden, sondern auch bei reinen Wohnungskatzen zu empfehlen ist.

Krankheiten erkennen

Verhalten und Symptome	Mögliche Erkrankungen
Apathie, Appetitlosigkeit, Abmagerung, Durchfall, Erbrechen	FIP, FIV, Katzenseuche, Lebererkrankung, Leukose, Magen-Darm-Erkrankung, Nierenerkrankung, Vergiftung
Angst, Ekel vor dem Futter, schuppige Haut, Veränderungen beim Harnlassen	Lebererkrankung, Nierenerkrankung
Dicker Bauch, ansonsten Abmagerung, Gelbfärbung der Augen und der Schleimhäute, motorische Störungen, blasse Schleimhäute und Ballen	FIP, Lebererkrankung, Magen-Darm-Erkrankung
Apathie, keine Reaktion auf Ansprache, Teilnahmslosigkeit	Blindheit, Erkrankung der Ohren, Taubheit
Atemprobleme, Konditionsprobleme, nächtliche Unruhe	FIP, FIV, Herz-Kreislauf-Erkrankungen, Katzenseuche, Krebs, Leukose, Schwäche
Mundgeruch, Speichelfluß, schmutzige Vorderpfoten	Entzündungen im Rachenraum oder Hals, Magenerkrankungen, Nierenerkrankungen, Zahnprobleme

Katzenseuche

Katzenseuche ist eine besonders für junge Katzen sehr gefährliche Erkrankung. Aber auch ältere Katzen sind dadurch gefährdet und sollten deshalb auch als reine Wohnungskatzen geimpft werden, denn Katzenseucheviren können übrigens auch an den Schuhen oder an der Kleidung auch in eine Wohnung im Hochhaus getragen werden. Die Erkrankung äußert sich durch Durchfall, Erbrechen und Nahrungsverweigerung und verläuft oft tödlich.

Krebserkrankungen

Krebserkrankungen werden in den letzten Jahren auch bei Katzen häufiger diagnostiziert. Bei einer frühzeitigen Erkennung können einige Krebserkrankungen operativ behandelt werden. Meist werden sie aber zu spät erkannt, so daß eine Heilung nicht mehr möglich ist. Wenn Sie an Ihrer Katze beim Streicheln einen Knoten feststellen, muß dieser von einem Tierarzt untersucht werden.

Impfungen und Vorsorge sind auch für ältere Katzen wichtig, damit sie schön und gesund bleiben.

Lebererkrankungen
Lebererkrankungen treten meist in Zusammenhang mit FIP, FIV und Leukose als Folgeerkrankungen auf. Als Primärerkrankungen sind sie eher selten. Hinweise auf Leberkrankungen sind verminderter Appetit, vermehrter Durst, Erbrechen und Apathie.

Leukose
Leukose ist eine Virusinfektion, die vor allem bei jungen Katzen häufig tödlich verläuft. Sie ist gelegentlich mit Lymphknotentumoren verbunden und verläuft oft über ein ganzes Katzenleben im verborgenen und bricht erst im Alter aus. Freilebende Tiere oder Katzen mit vielen Kontakten (Ausstellungen) sollten dagegen geimpft werden.

Magen- und Darmerkrankungen
Viele Katzen sind im Magen- und Darmbereich vor allem in der Jugend empfindlich. Häufig bessert sich das im Alter etwas, so daß die Katze ganz normal ernährt werden kann. Schonkost und mehrere kleinere Mahlzeiten helfen. Auf der anderen Seite können Magen- und Darmprobleme auch ein Hinweis auf ernste Erkrankungen sein und ein Tierarztbesuch empfiehlt sich. Würmer, Infektionen, aber auch Leukose, FIP und FIV können die Ursache sein.

Nierenerkrankungen
Nierenerkrankungen spielen bei älteren Katzen ein große Rolle. Vermehrter Durst, viel Urinabsatz, gelegentliches Erbrechen und Untertemperatur sind die Hauptsymptome. Geeignete kohlehydratreiche Diät wie z.B. Flocken, Reis und helles Fleisch (Hähnchen, Pute usw.) – auch als Fertigfutter beim Tierarzt erhältlich – ist für die Behandlung unumgänglich.

Arthrosen und Bandscheibenbeschwerden
Diese Beschwerden treten wie beim Menschen vorwiegend im Alter auf und lassen sich durch eingehende Untersuchung mit Röntgen beim Tierarzt gut diagnostizieren. Schmerzlindernde Mittel helfen recht gut dagegen.

Tollwut
Freilebende Katzen sollten wegen der Infektionsgefahr für den Menschen auf jeden Fall dagegen geimpft werden. Auch im grenzüberschreitenden Reiseverkehr ist die Tollwutimpfung vorgeschrieben.

Zähne und Zahnfleisch
Zahnprobleme können überwiegend bei der älteren Wohnungskatze, die viel weiches Futter frißt, oder bei einigen Katzenrassen mit kürzerer Schnauze auftreten, beispielsweise Perser. Freilebende Katzen, die sich natürlich ernähren, also schon mal eine komplette Maus verspeisen, leiden weniger darunter. Indem Sie Ihrer Katze zwischendurch kompakte Fleischstücke oder Trockenfutter geben, können Sie die Zahnpflege der Katze unterstützen.

Nicht immer lassen sich Krankheiten auf den ersten Blick erkennen. Beobachten Sie das Verhalten Ihrer Katze genau.

Der letzte Weg

Die wohl angenehmste Möglichkeit für Tier und Mensch ist das friedliche Einschlafen des geliebten Tieres. Meist leidet die alte Katze aber schon lange Zeit und empfindet viel Schmerzen und kaum noch Lebensfreude. Der verantwortungsvolle Tierbesitzer sollte sich nun mit dem Tierarzt seines Vertrauens beraten, ob das geliebte Tier besser erlöst und eingeschläfert werden soll, denn dieser kann am besten beurteilen, ob noch Chancen auf eine Besserung bestehen, und wie sehr das Tier leidet. Ihre Beurteilung sollte möglichst objektiv sein. Das heißt natürlich nicht, daß man sich schnell und lieblos von seinem altgewordenen Tier trennt, sei es durch Einschläfern oder durch die Abgabe ins Tierheim. Das hat der geliebte Hausgenosse nicht verdient. Der letzte Weg ist für Ihre Katze

Katzen verbringen viele Stunden mit Warten auf ihre Beute vor einem Mauseloch und lassen sich durch nichts ablenken.

dann weniger schlimm, wenn Sie sich als Tierbesitzer möglichst normal verhalten. Wenn Sie es nicht tun können, sollten Sie alles so vorbereiten, daß eine andere der Katze vertraute Person es für Sie erledigt. Vielleicht kann auch der Tierarzt zum Einschläfern ins Haus kommen, um so den Streß für die Katze zu verringern.
In vielen Städten gibt es Tierfriedhöfe, diese Adressen erhalten Sie beim Tierschutzverein, bei Tierschutzgruppen und häufig auch bei Ihrem Tierarzt. Im eigenen Garten dürfen die Tiere in etwa 1 m Tiefe begraben werden, wenn er nicht in einem Wasserschutzgebiet liegt.

PRAXIS KRANKENPFLEGE

Krankenpflege wird keinem Katzenbesitzer völlig erspart bleiben. Gerade bei älteren Katzen kann sie häufiger erforderlich sein. Hier ist die Pflege oft mit viel Hilfe und Liebe verbunden.

Gezielte Krankenpflege unterstützt die Therapie des Tierarztes und muß manchmal auch gegen den Willen des Patienten erfolgen. Für die Katze ist es besser, wenn sie zu Hause gepflegt wird, wo sie sich dann sicher und geborgen fühlt. Auch erhält sie die während einer Krankheit so dringend benötigte Zuwendung.

Allgemeine Krankenpflege

Wenn Sie diese Punkte beachten, verbessern Sie in vielen Fällen deutlich die Chance auf Genesung und erleichtern der Katze die Zeit der Krankheit.

✔ Ein sauberes, helles, gemütliches Krankenlager reduziert die Gefahr der Reinfektion und gibt der Katze ein positives Gefühl. Sie fühlt sich einfach wohler.

✔ Viel Zuwendung und Linderung der Beschwerden nimmt die Angst und hebt die Lebensqualität. Der Lebenswille der Katze wird angeregt.

✔ Pünktliche Verabreichung der Medikamente ist sehr wichtig, damit der Medikamentenspiegel erhalten bleibt. Nur so können die Medikamente ihre optimale Wirkung entfalten.

✔ Auf die Krankheit abgestimmtes Futter ist wichtig, damit nicht durch falsche Ernährung die Krankheit verschlimmert wird.

Sinnvolles Zubehör

✔ Mehrere leicht waschbare Decken

✔ Heizkissen (es ist einfacher als Wärmflaschen zu regulieren)

✔ Einmalteller (besonders bei ansteckenden Krankheiten)

✔ Eine kleine Katzentoilette (kann einfacher in der Nähe des Krankenlagers aufgestellt werden)

✔ Inhalationsgerät bei Schnupfen und Atembeschwerden

Zwangsernährung

Nahrungsverweigerung können Sie am besten mit Leckerbissen beeinflußen. Wenn keine Diät erforderlich ist, steht Ihnen eine breite Palette zur Verfügung, um den Appetit anzuregen, z.B. Eigelb, gekochte Ente, Sahne, Wurst usw. Falls die Katze keine Nahrung aufnehmen will, verfahren Sie wie bei der Medikamenteneingabe. Die feste Nahrung verabreichen Sie in so kleinen Kügelchen, daß die Katze sie problemlos schlucken kann. Füttern Sie eventuell auch Nahrungsmittelkonzentrat (erhältlich beim Tierarzt) zu.

Sinnvolle Utensilien für die Krankenpflege von älteren Katzen.

Tablette möglichst weit in den Schlund schieben, so wird sie nicht mehr ausgespuckt.

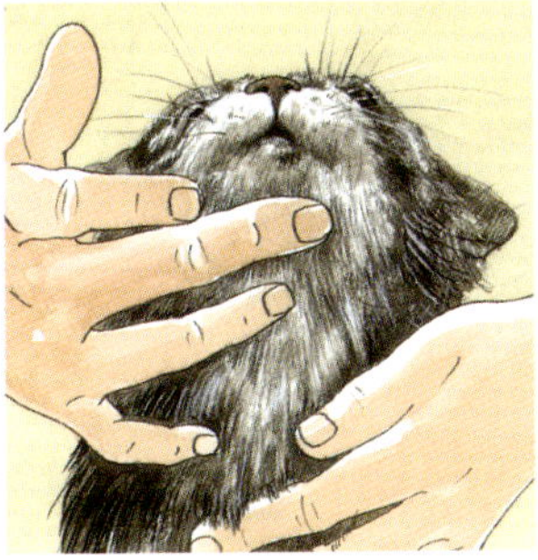

Durch Streicheln unter dem Kinn und am Hals lösen Sie den Schluckreflex aus.

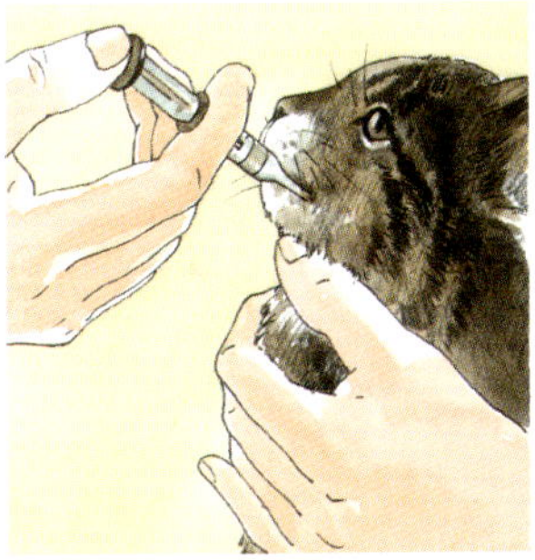

Flüssige Arzneimittel mit einer Spritze ohne Nadel langsam eingeben.

Eingabe von Medikamenten

Medikamente geben Sie am besten in Futter und wohlschmeckender Flüssigkeit. Dazu eignet sich normales Futter, aber auch Leberwurst, andere Wurstsorten, Fleisch, Fisch und Käse, je nach Geschmack der Katze. Manchmal ist auch eine Zwangseingabe notwendig. Dabei setzen Sie die Katze auf Ihren Schoß und halten sie fest. Mit der linken Hand biegen Sie den Kopf weit nach oben. Nun ziehen Sie mit der rechten Hand den Unterkiefer etwas zurück und geben mit der gleichen Hand die Tablette tief in den Rachen. Mit der linken Hand den Kopf weiter festhalten, mit der rechten Hand den Hals streicheln, damit der Schluckreflex ausgelöst wird. Flüssige Medikamente füllen Sie in eine Spritze ohne Nadel. Die Katze wiederum auf den Schoß setzen, den Kopf festhalten und die Spritze seitlich etwa einen Zentimeter ins Schnäuzchen schieben. Langsam die Flüssigkeit einspritzen, damit sie auch geschluckt werden. Anschließend wie vorhergehend beschrieben den Schluckreflex auslösen.

Magen- und Darmerkrankungen

Hier sind richtige Ernährung der Katze und Sauberkeit von Futter- und Wassernapf, Krankenlager und Katzentoilette wichtig. Eine Diät – ob vom Tierarzt, Fachhandel oder selbstgekocht – ist oft unerläßlich und muß konsequent zum Wohl der Katze durchgehalten werden.

Krankenpflege als letzter Dienst

Wenn die Katze trotz Krankheit die Lebensfreude nicht verliert und nicht eingeschläfert werden muß, kann gute Krankenpflege die Lebenszeit noch deutlich verlängern und verschönern.

Ein sauberes Krankenlager verhindert Reinfektionen.

REGISTER

Die halbfett gesetzten Seitenzahlen verweisen auf Farbfotos und Zeichnungen.

Auch eine ältere Katze geht gerne ihre eigenen Wege auf ihren Spaziergängen.

ADRESSEN

Adressen, die weiterhelfen

• Fédération Internationale Féline (FIFe), Little Dene Lenham Heath Maidstone, Kent ME 17 2 BS, Großbritannien

• 1. Deutscher Edelkatzenzüchterverband (1. DEKZV), Berliner Str. 13, 35614 Aßlar

• Deutsche Rassekatzen Union e.V. (DRU), Hauptstr. 56, 56814 Landkern

• Österreichischer Verband für die Zucht und Haltung von Edelkatzen (ÖVEK), Liechtensteinstr. 126, A-1090 Wien

• Fédération Féline Helvetique (FFH), Denise Kölz, Solothurnerstr. 83, CH-4053 Basel

Anschriften von Katzenclubs und -vereinen können Sie auch bei den vorgenannten Verbänden erfragen.

Fragen zur Katzenhaltung beantworten

Ihr Zoofachhändler oder der Zentralverband Zoologischer Fachbetriebe Deutschlands e.V. D-63225 Langen (nur telefonische Auskunft möglich), Tel. 06103/910732.

Krankenversicherung

• Uelzener Allgemeine Versicherungsgesellschaft AG, Postfach 2163, D-29511 Uelzen.

• AGILA Haustierkrankenversicherung AG, Breite Str. 6-8, 30159 Hannover

Adressen von Tierfriedhöfen

erhalten Sie über den Tierarzt oder die Tierschutzvereine.

Registrierung von Katzen

• Haustier-Zentralregister für die BRD e.V. TASSO, Postfach 1423, 65783 Hattersheim, Tel. 06190/4088

• IFTA, Internationale Zentrale Tierregistrierung, Weiherstr. 8, 88145 Hergatz, Tel. 0180/521 34 02

Wer seine Katze vor Tierfängern und dem Tod im Versuchslabor schützen will, kann sie hier registrieren lassen.

Bücher, die weiterhelfen

• Behrend, Katrin; Katzen. Gräfe und Unzer Verlag, München

• Behrend, Katrin: Wohnungskatzen. Gräfe und Unzer Verlag, München

• Deiser, Rudolf: NaturHeilpraxis Katzen. Gräfe und Unzer Verlag, München

• Kraft, W. (Hrsg.): Geriatrie bei Hund und Katze. Blackwell Wissenschaftsverlag, Berlin

• Morris, Desmond: Cat Watching. Heyne Verlag, München

• Müller U./Wegler, M.: Mein Heimtier: Die Katze. Gräfe und Unzer Verlag, München

• Müller, U./Müller, H.A.: Die kranke Katze. Gräfe und Unzer Verlag, München

• Sistonen-Schasche, E.: Leckeres für Katzenzungen. Gräfe und Unzer Verlag, München

• Waniorek, Linda: Aromatherapie für Katzen. Müller Rüschlikon Verlags AG, Cham

• Waniorek, Linda: Erste Hilfe für Katzen. Müller Rüschlikon Verlags AG, Cham

Zeitschriften und Broschüren

• *die edelkatze*, Illustrierte Fachzeitschrift für Katzenfreunde, Verbandszeitschrift des 1. DEKZV; Berliner Str. 13, 35614 Aßlar

• *katzen*, Herausgeber: Deutsche Rassekatzen-Union e.V. (DRU), Hauptstr. 56, 56814 Landkern

• *Katzen extra*, Sieglers Symposion Tierzeitschriften-Verlag, Postfach 61 02 65, 70309 Stuttgart

• *DAS TIER*, Egmont Ehapa Verlag, Im Riedenberg 54, 70771 Leinfelden-Echterdingen

Die Autorin

Linda Waniorek hält seit vielen Jahren Katzen und weiß aus eigener Erfahrung über das Thema bestens Bescheid. Seit über 15 Jahren engagiert sie sich stark für den Tierschutz und vermittelt älteren Katzen und Hunden ein neues Zuhause.

Die Fotografen

Binder: Seite 45; Cogis/Damman: Seite 56; Cogis/Gengoux: Seite 64/U3; Cogis/Gissey: Seite 16; Cogis/Hermeline: Seite U1 (kleines Foto), 40 mi.re.; Cogis/Labat: Seite 30; Cogis/Vidal: Seite 41 o.li., 41 u.li.; Juniors/Aschermann: Seite 54; Juniors/Born: Seite 20, 39; Juniors/Caspersen: Seite U1 (großes Foto), 18 u.; Juniors/Groth: Seite 36; Juniors/Liebold: Seite 4/5, 35, 41 u.re.; Juniors/Schanz: Seite 8, 10, 15, 24 (großes Foto), 40 o., U4; Juniors/Wegler: Seite 9, 11, 19 o.re., 24 (kleines Foto), 26, 27, 29, 34, 38, 40 mi.li., u., 41 o.re., 42, 50, 52, 57, 61; Kuhn: Seite 17, 21, 31, 37, 49; Reinhard: Seite 6; Schanz: Seite U2, 7, 48, 55; Schneider/Will: Seite 19 li.; Sock: Seite 2/3, 22, 41 mi., 51; Verein Deutscher Katzenfreunde e.V.: Seite 12, 18 o., mi., 23, 44.

Der Zeichner

György Jankovics ist ausgebildeter Grafiker und studierte an den Kunstakademien von Budapest und Hamburg. Er zeichnet für eine Reihe angesehener Verlage Tier- und Pflanzenmotive. Für die GU Redaktion Natur hat er bereits viele Titel illustriert.

Wichtige Hinweise

Lassen Sie bei Ihrer Katze unbedingt alle notwendigen Schutzimpfungen und Entwurmungen ausführen, da sonst eine erhebliche Gefährdung von Mensch und Tier möglich ist.
Einige Krankheiten und Parasiten sind auf den Menschen übertragbar. Deshalb sollten Sie einen Tierarzt zu Rate ziehen, wenn sich bei Ihrer Katze Krankheitsanzeichen zeigen. Gehen Sie im Zweifelsfall selbst zum Arzt. Es gibt Menschen, die allergisch auf Katzenhaare reagieren. Wenn Sie nicht sicher sind, fragen Sie vor der Anschaffung Ihren Arzt. Beim Umgang mit Ihrer Katze können Sie durch Kratzer und Bisse verletzt werden. Lassen Sie solche Verletzungen sofort vom Arzt versorgen.
Ihre Katze kann Schäden an fremdem Eigentum anrichten oder verursachen. Ein ausreichender Versicherungsschutz liegt also im Eigeninteresse, auf jeden Fall sollten Sie rechtschutz- und haftpflichtversichert sein.

An unsere Leserinnen und Leser

Wir freuen uns, Ihre Meinung zu diesem Tier-Ratgeber zu erfahren. Bitte schreiben Sie uns, wenn Sie Berichtigungen und Ergänzungsvorschläge haben oder wenn Ihnen etwas besonders gut gefällt.

Gräfe und Unzer Verlag
Redaktion Natur
Stichwort: TierRatgeber
Postfach 86 03 66
D-81630 München

Dank

Der Verlag dankt Herrn Dr. Uwe Streitferdt, Facharzt für Kleintiere in München, für die kritische Durchsicht des Kapitels Gesundheitsvorsorge.

Fotos: Buchumschlag und Innenteil

Umschlagvorderseite: Katzenporträt auf Treppe (großes Foto), rotgetigerte Katze (kleines Foto).
Umschlagrückseite: Spielende Hauskatze mit Ball.
Seite 1: Katze auf einer Wiese.
Seite 2/3: Maine Coon-Mischling.
Seite 4/5: Liegende, rotgetigerte Katze.
Seite 64: Schlafende Katze.

Impressum

Redaktion: Anita Zellner
Lektorat: Sabine Schulz
Umschlaggestaltung und Layout: Heinz Kraxenberger
Zeichnungen: György Jankovics
Herstellung: Heide Blut/ Verena Römer
Satz: Heide Blut
Reproduktion: Fotolito Longo
Druck und Bindung: Stürtz

ISBN 3-7742-3715-8

Auflage 4. 3. 2. 1.
Jahr 02 01 2000 99

1 Kann ich eine ältere Katze in die Familie aufnehmen, oder ist eine junge Katze sinnvoller?

Dies richtet sich nach ihren Wünschen und Lebensumständen. Eine ältere Katze kann sich mit etwas Geduld von Ihrer Seite gut in eine neue Familie einfügen.

2 Braucht meine ältere Katze besondere Pflege?

Der Aufwand an Pflege richtet sich nun nach dem Gesundheitszustand der Katze, in der Regel ist kein größerer Pflegeaufwand erforderlich. Eine ältere Katze benötigt eher weniger Zeit, da ihr Ruhebedürfnis größer wird.

3 Kann ich die ältere Katze noch an Kinder oder andere Tiere gewöhnen?

Selbstverständlich. Mit etwas Geduld und Fingerspitzengefühl gewöhnt sich auch eine ältere Katze an Kinder und andere Tiere.

4 Kann ich eine ältere Katze noch erziehen?

Auf jeden Fall. Mit Liebe, Streicheleinheiten und Konsequenz läßt sich eine ältere Katze erziehen und viele Unarten können noch abgewöhnt werden.

5 Benötigt eine ältere Katze eine besondere Ernährung?

Meistens ist die gewohnte Ernährung ausreichend. Ältere Tiere haben einen erhöhten Bedarf an Vitalstoffen, deshalb empfiehlt sich eine aufbauende Zusatznahrung. Die Ernährung sollte aber auf jeden Fall magenschonend sein.

Die Expertin gibt Antwort auf die 10 häufigsten Fragen zur Katzen-Haltung.